ヴィルヘルム＝
フォン＝フンボルト

フンボルト

●人と思想

西村 貞二 著

86

CenturyBooks 清水書院

まえがき――フンボルトとわたくし

西ベルリン人は東ベルリンへはいれないきまりなので、わたくしは、アラブ人の大学生に案内をたのんだ。「ベルリンの壁」が築かれてから三年めにはいろうとする、一九六三年八月はじめのことである。半日そこらで壁のむこう側の真相がつかめるはずはない。が、なにはともあれ「百聞は一見にしかず」だ。かいま見た東ベルリンの惨状は予想以上だった。その折の感想は、同行した、いまは亡き小林秀雄氏が『見物人』（全集第九巻所収）というエッセーで述べている。当時、小林秀雄氏は西ドイツ政府から招待され、ベルリンをふりだしに、バイロイトのヴァーグナー祭をハイライトにしてミュンヘンまで旅をした。たまたま西南ドイツのフライブルク大学にいたわたくしを、同伴者として推薦してくれた。ベルリンを訪ねたいとおもっていた矢先の西ドイツ政府のはからいをありがたくうけ、従兄とともに一ヵ月にあまる大名旅行をしたのである。

正直のところ、東ベルリンの状況を見るのは行きがけの駄賃で、本命はベルリン大学を見ることにあった。本書の主人公ヴィルヘルム＝フォン＝フンボルト（一七六七～一八三五）が、ナポレオン（一七六九～一八二一）に敗北したあとのプロイセンの精神的興起をはかるために創立した大学である。ご承知であろうが、第二次大戦後、ベルリンは東西にわかれた。そのため、東ベルリン地区にあるベルリン大学はフンボルト大学と名をあらため、西ベルリン地区にはベルリン自由大学が一九四八年にできた。なろうことなら、旧ベルリン大学の様子をさぐりたかったのだ。しかし夏休みのこととて鉄扉はかたくとざされ、あたりに人影はない。となりの無名戦士の廟には、衛兵が銃剣をかまえてものものしい。気おくれして参観はあきらめ、大学正面の両脇にある、ヴィルヘルム＝フォン＝フンボルトとアレクサンダー＝フォン＝フンボルト（一七六九～一八五九）兄弟の座像をカメラにおさめるにとどめた。

物の本によると、座像は一八八三年にたてられた。すると、兄弟像は、ビスマルク（一八一五～九八）の第二帝国とヒトラー（一八八九～一九四五）の第三帝国をへて現在にいたる、ドイツ一〇〇年の有為転変を見おろしていたはずである。もし石に心あらば、なにを感じているだろうか。屋根はところどころ破損し、荒涼とした景色だ。そういう大学を背に、くる日もくる日も、風にふかれ雨にうたれる座像は、悄然としていた。大学が位置するウンター＝デン＝リンデンは、かつてはベルリンきっての大通りだったのに。そういう景色よりも座像を悄然と感じたのは、東ドイツの政治＝社会体制と合いそうにないフンボルトの精神的貴族主義をおもったからである。

あくる日、フンボルトがいっさいの公職を辞してから研究三昧の生活を送った、テーゲルの館《やかた》を二人で訪ねた。案内役はきのうと同じ大学生である。この館は西ベルリン地区だから、東ベルリンにはいるときのような面倒な手つづきはいらない。白亜の館は、ベルリンの西北テーゲル湖畔の森のなかにひっそりとたっていた。館の由来は古いが、一八二〇～二四年に、ドイツ古典主義建築の大家シンケル（一七八一～一八四一）が改築したものだという。いまフンボルト記念館となって一般に公開され、フンボルトが生前にあつめたギリシアやローマの彫刻をはじめ、遺愛の品々が展示されている。一〇人あまりの見物客もみな、俗塵を洗われたような顔つきだ。ひろい庭園の奥にフンボルト家の墓所があった。フンボルト兄弟像は、むしろこの静寂の地におくべきではなかろうか、そんな思いがわたくしをとらえて放さなかった。きのうの暗澹《あんたん》とした気分とはうって変わって、安らぎが潮のように胸中にみちてくるのをおぼえた。庭園の一角にたたずんでいると、さまざまな思い出が浮かんだ。かえりみれば、フンボルトを知るようになってから長い歳月がながれているのである。

　フンボルトにめぐり会ったのは、学生時代にドイツ史学史をひもといていたさいである。レクラム文庫の『フンボルト　小論集』を買い、『歴史家の課題について』を読んだ。そして「史的理念説」によってランケ（一七九五～一八八六）に大きな影響をおよぼしたことを知った。じっさい、「歴史家はひたすらイデーを念頭におきつつ、現実的なものをあるがままに探求しようとするときに、イデーの手がかりを見いだすことができる」とか、「歴史家は必然的なものを偶然的なものから分かち、内的連続性を明らかにし、ほんとうに作用しつつあるもろもろの力を見えるようにし、もって自己の叙述に形態をあたえなければならない」といったフンボルトのことばをランケのものとしても、おかしくはない。わたくしが大学をでた翌年、のちの京都大学の言語学教授、泉井久之助氏の『フンボルト』(一九三八、弘文堂、改訂版『言語研究とフンボルト』一九六七、弘文堂)が刊行され、フンボルトの生涯や言語研究をつぶさに教わった。だがフンボルトへの関心はそれきりで、数年後にじぶんでかかわりをもとうとは、おもってもみなかった。

なにぶん古いことで記憶がさだかでないけれど、一九四一年の初夏ではなかったたであろうか。懇意にしていた東京の書肆《しょし》創元社で、偶然、三木清氏(一八九七〜一九四五)にお会いした。そのとき氏から、フンボルトを訳してみないかといわれた。氏はそのころ創元社の『哲学叢書』の企画にたずさわっておられた。小林秀雄氏は同社の顧問で三木清氏の友人だったから、もしかしたら、わたくしのことを小耳にはさまれたのかもしれない。その場で安請け合いした。が、若気の至りというほかなかった。エルンスト゠カッシーラー(一八七四〜一九四五)がいうように、「フンボルトの用いる諸概念はけっして論理的分析によって分離された純粋な生産物ではなく、そこにはつねにある美的な感情的調子、叙述を活気づける芸術的な気分がともに躍動しているのだが、同時にこれが思考の分節と構造を蔽い隠してしまいもする」(『シンボル形式の哲学』第一巻言語、一九二三、生松敬三・木田元訳、岩波文庫)。そういう独特な思考構造、牛のよだれみたいに切れめがない文体になれるだけで一、二年はかかった。こうしてまる八年、訳出に余事はすべて放擲《ほうてき》するはめになった。

『哲学叢書』で『世界史の考察――歴史哲学論文集』（一九四八）と、『人間の諸問題――人間学論文集』（一九五〇）を上梓《じょうし》してやっと肩の荷をおろした。ただし、三木清氏にお見せすることはできなかった。太平洋戦争の終結直後、氏は一九四五年九月にいたましくも獄死されていたから。

訳筆をとっているあいだにしばしば去来した疑問は、こうだった。一九四一年から一九五〇年といえば、世界や日本の激動期である。べっして戦後の三、四年、わが国の政治・経済・社会・文化の混乱は筆舌につくしがたいものがあった。このようなときに、フンボルトの人間育成（陶冶、教養）論、つまり全体へ向かっての人間諸力の調和ある育成などということに心を労するのは、愚の骨頂ではないか。ひもじいときになんの腹の足しにもならないではないか。そのたびに自分にいいきかせた。混乱で動顛《どうてん》するのにむりはない。だが、そういうときこそ、人間育成について根本的な勉強をすることが必要なのだ。そして根本的な勉強は、ニーチェ（一八四四～一九〇〇）のことばをかりていえば、つねに暇がかかり遅鈍であることを要する。なにごとであれ早急に片づけてしまおうとする当節においてこそ、そうした心がまえを堅持すべきだ、と。やせ我慢かもしれないけれど、そうやって自分をはげますほかなかった。

訳業を終えたとき、八年を棒にふった悔恨はわかなかった。むしろ、ひとつの仕事をはたした満足感すらおぼえた。しかし自己満足にすぎぬことを思いしらされた。というのは、その後、一二〇枚ばかりの小冊子『フンボルト』（一九五九、有斐閣）を書いたが、拙訳書も拙著も、読書界からまったく無視されたからだ。出版社は倒産して訳書は断裁のうき目にあったし、著書は絶版になって影もかたちもない。テーゲル館で回想したのは、およそ以上のようなわたくしとフンボルトとのかかわりだったのである。

　テーゲル館を訪ねてから四半世紀たった。そのあいだにも、フンボルトはわたくしの心の片すみに座をしめていた。一九六六年に、『歴史とは何か』（『現代のエスプリ』至文堂）がでた折、拙訳書におさめた『歴史家の課題について』を改訳した。一九六七年にフンボルトが生誕二〇〇年をむかえたさい、さいきんのドイツにおける研究の状況を報告した（「学鐙」同年五月号）。一九八五年に没後一五〇年をむかえたときは、『フンボルトの教育理念』という研究ノートを書いた（「西洋史研究」同年一一月）。折からわが国では臨教審が教育改革を論議していた。

　ドイツにおける研究状況は、つぎの二、三の例から察知できよう。フンボルトの全集はプロイセン‐アカデミー版（一七巻、一九〇三～三六）がもっとも浩瀚《こうかん》である。また、アカデミー版の縮冊ともいうべきコッタ書店版（五巻、一九六〇～八一）がでたり、書簡集が復刊されたりしている。没後一五〇年めの一九八五年には、最初の全集（七巻、一八四一～五二）が復刻された。フンボルトの人間学や教育思想にかんして注目すべき研究があらわれている。たとえば『フンボルト兄弟の著作および活動における普遍主義と学問』（一九七六）は、一九七二年と一九七四年におこなわれた討論をまとめたもので、三五名のフンボルト研究家が一堂に会して討論した。中心テーマはこうだ。

こんにち個別科学と科学知識が急速に発展したため、人間の総知識を概観することが不可能になった。フンボルト兄弟がしめしたような、学問の統合や普遍的精神をふりかえることによって、個別科学のわくをこえるあたらしい視界をひらく一助にしよう、というわけである。

かようにドイツ本国においては、没後一五〇年をへてもなお、フンボルト研究はさかんである。これにたいしてわが国の状況は不毛の一語につきる。単行本では、前記した、泉井久之助氏の『言語研究とフンボルト』、拙著『フンボルト』および亀山健吉氏の『フンボルト——文人・政治家・言語学者』（一九七八、中公新書）しかない。フンボルトの活動は多岐にわたって驚嘆すべきだ。そういう巨人の人と思想が語られることがあまりに少ない。かれの思想のなかには、わが国にうけいれられない何かがあるのだろうか。それとも思想史家の怠慢のせいであろうか。

わたくしが小冊子を書いてからちょうど三〇年になる。こんど「人と思想」シリーズに加えることになったのをしおに、三〇年間におけるいささかの理解の深まりに基づいて改稿することにした。とはいえ本シリーズは若い人たちを読者にするから、あまりこみいった事柄は向かない。なるべく平明な叙述を旨としたいが、あらかじめ三つの点を頭にいれていただきたい。

第一、フンボルトの知的活動は学芸のほとんどあらゆる領域にまたがり、それぞれの領域で消しがたい足跡をしるした。要するに一個の普遍的精神と名づけうるのであって、普遍的精神とよばれる人物が例外なくそうであるように、彼の偉大さは、一見ばらばらな領域が統一されていたところにある。たんなる分析ほど、彼に遠いものはなかった。もとよりわたくしは、精緻な分析が学問に必要なことは百も承知している。しかし専門家は、とかく枝葉末節の分析に気をとられ、総合というたいせつな仕事をないがしろにする。フンボルトのばあい、個別研究の根底にいつも普遍性があった。

第二、フンボルトは学者とか思想家の部類だけにとどまらない。その生涯は、啓蒙専制君主フリードリヒ二世（在位一七四〇～八六）の治下、フランス革命、ナポレオンのヨーロッパ制覇、プロイセンの敗北と奮起、ナポレオン没落後のヴィーン体制、ドイツ自由主義運動の挫折といった、激動の時代にわたっていた。そしてフンボルトじしんは直接であれ間接であれ、これらの大事件にかかわった。祖国は彼に書斎の生活をゆるさなかったのである。ときに教育行政の長官として、ときには外交使節としての政治的活躍をもとめた。そのばあいでも、青年時代からつちかった強靭な思想のすじがねがはいっていて、その日ぐらしの政治家と撰《せん》を異にした。こうしたしだいで、フンボルトの人と思想は時代との交渉をぬきにしては語れない。すぐれたフンボルト評伝を書いたエーベルハルト＝ケッセルは、「理念と現実」というサブタイトルをそえている（一九六七）。つねに理念が現実をみちびき、現実が理念をゆたかにした。理念と現実との交錯が、彼におけるほど密接な例はまれである。

第三、とはいえ、フンボルトの業績をまんべんなく述べる余白はない。したがってゲーテ（一七四九〜一八三二）やシラー（一七五九〜一八〇五）との交友関係については亀山健吉氏の好著を、言語学＝言語哲学については泉井久之助氏の専門書を参照されるがよい。本書では、フンボルトの政治思想、教育思想、歴史思想を三本の柱として大きくとらえるのがやっとである。

現代の管理社会においては個人とか個性が能力を発揮できる範囲はかぎられていよう。しかし外部のいかなる圧迫も人間の創造性を根絶できるものではない。いや、個人の創造力があってこそ社会も活力をたもつ。若い読者は、フンボルトの政治思想など時代錯誤だとおもうかもしれない。しかし人間のために政治があるのではなくて、政治のために人間があるかのような、現代における政治と人間との関係を目にするとき、政治の根底につねに人間をおいたフンボルトの政治哲学は、もう一度かえりみる値うちがあるだろう。彼のことばをよくかみしめれば、それらが死文死語でないことがおわかりになるだろう。

一九八九年一二月

西村貞二

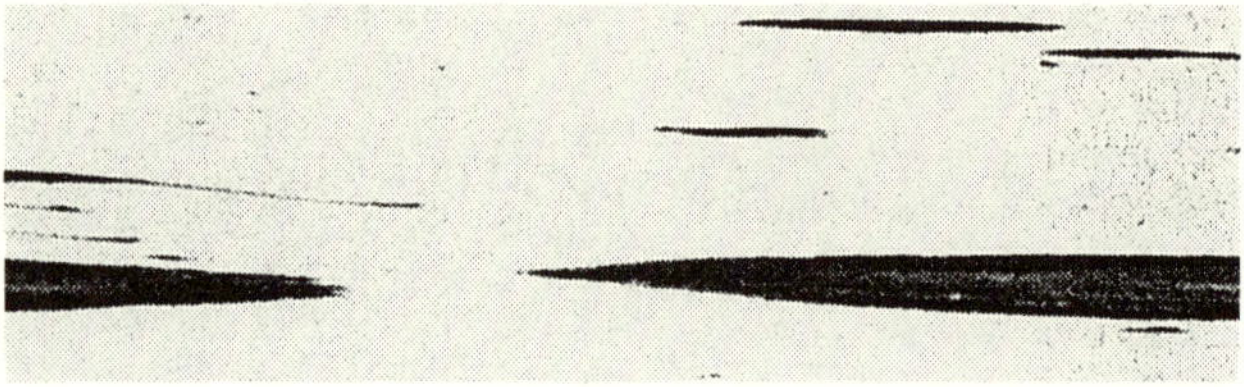

目次

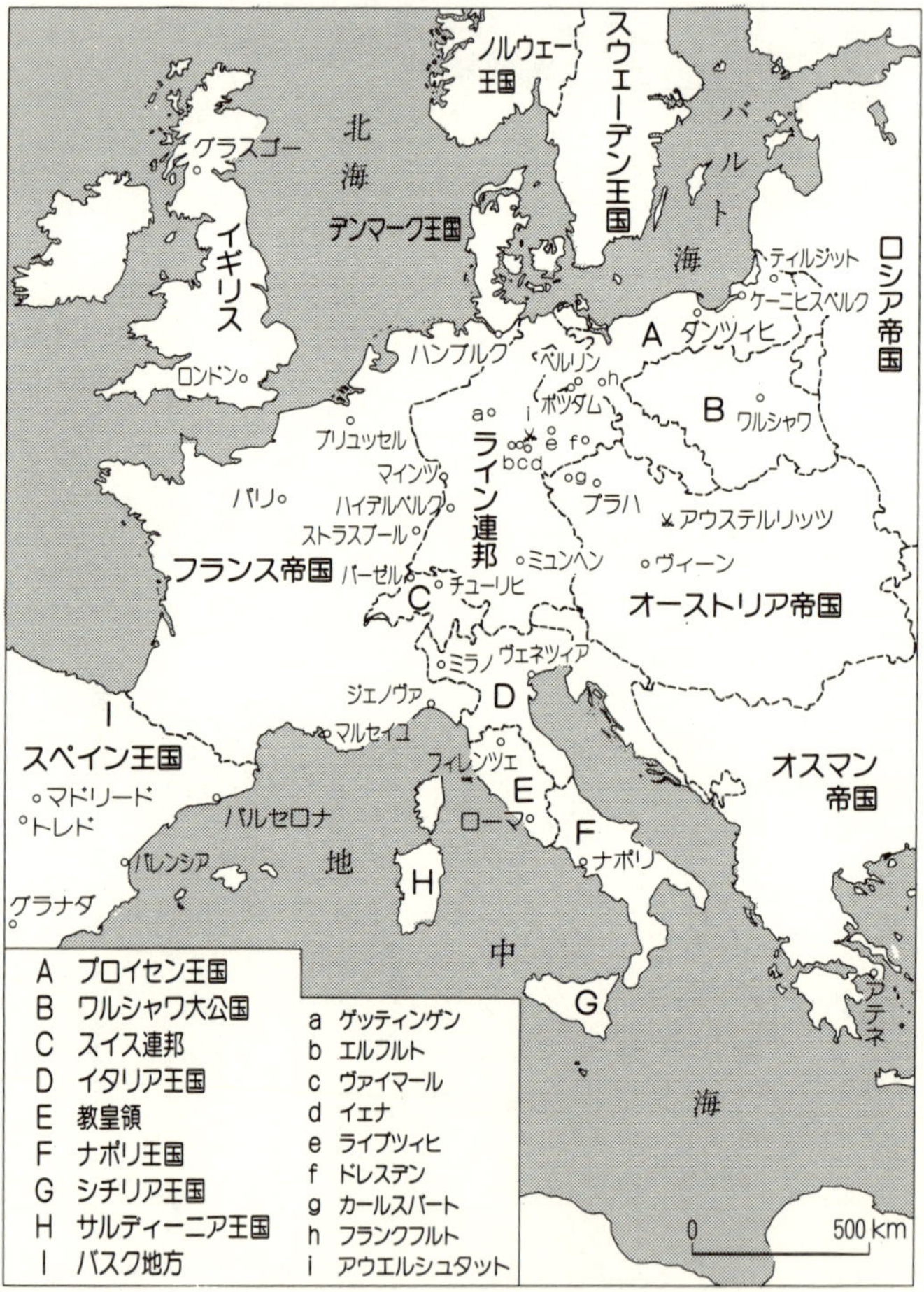
ノルウェー王国
スウェーデン王国
北海
バルト海
グラスゴー
デンマーク王国
イギリス
ロシア帝国
ティルジット
ケーニヒスベルク
A
ダンツィヒ
ハンブルク
ベルリン
h
ロンドン
ポツダム
B
ワルシャワ
a
i
ブリュッセル
ライン連邦
e
f
bcd
マインツ
g
プラハ
パリ
ハイデルベルク
アウステルリッツ
ストラスブール
ミュンヘン
ヴィーン
フランス帝国
バーゼル
チューリヒ
C
オーストリア帝国
ミラノ
ヴェネツィア
ジェノヴァ
D
I
マルセイユ
スペイン王国
フィレンツェ
オスマン帝国
マドリード
E
トレド
バルセロナ
ローマ
F
ナポリ
バレンシア
地
H
グラナダ
中
G
アテネ
海
0
500 km
A プロイセン王国
B ワルシャワ大公国
C スイス連邦
D イタリア王国
E 教皇領
F ナポリ王国
G シチリア王国
H サルディーニア王国
I バスク地方
a ゲッティンゲン
b エルフルト
c ヴァイマール
d イエナ
e ライプツィヒ
f ドレスデン
g カールスバート
h フランクフルト
i アウエルシュタット

フンボルト関係地図

Ⅰ 青春彷徨

自己育成と遍歴

父と母

フンボルトの家系をさかのぼって詮索する必要はあるまい。先祖にポンメルンに土地をえたものがいた。東ドイツ北部からポーランド北部にかけての地方である。一七世紀の半ばにブランデンブルク領となり、その後、全域がプロイセン領に帰した。土地所有者といっても、プロイセン特有のユンカー（土地貴族）ほど有力ではない。祖父ヨーハン＝フンボルトはプロイセン国王フリードリヒ＝ヴィルヘルム一世（在位一七一三～四〇）に陸軍将校として仕えた。その功で下層ではあるが貴族に列せられた。父アレクサンダー＝ゲオルク＝フォン＝フンボルト（一七二〇～七九）もやはり陸軍将校である。つぎの国王フリードリヒ二世がオーストリア、フランス、ロシアとたたかった七年戦争（一七五六～六三）に従軍した。それからアレクサンダーが副官をつとめた陸軍指揮官ブラウンシュヴァイク公の娘エリザベートの宮内官となり、エリザベートが皇太子と結婚するまでその職にあった。のちに皇太子はフリードリヒ＝ヴィルヘルム二世（在位一七八六～九七）となり、エリザベートは王妃となる。そこでフンボルト家はプロイセン王家とある程度、縁故ができた。フンボルトがプロイセン国家の官職につくのはここに因由する。

父アレクサンダー

母マリー＝エリザベート

他方、母方のコロン家はフランスの出で、ユグノー教徒だった。カルヴァン（一五〇九～六四）の流れをくむフランスの新教徒である。ユグノー派は独立自営農民、手工業者、小商人、産業資本家のあいだにひろがった。ルイ一四世（在位一六四三～一七一五）が、旧教徒と同様に新教徒の信仰の自由を認めた、ナントの勅令を廃棄（一六八五）すると、彼らの多くがイギリス、オランダ、ドイツに亡命した。コロン家もその例にもれず、プロイセンに移住して、ガラス工芸製造をなりわいとした。それで産をなしたのであろうか、娘のマリー＝エリザベート（一七四一～九六）は男爵ホルヴェーデと結婚した。しかし夫と死別したため、かなりな持参金と前夫の男の子をつれて、二一歳年上のアレクサンダー＝フォン＝フンボルトと再婚した。そしてヴィルヘルムとアレクサンダー兄弟を生む。ヴィルヘルムが生まれたのはベルリン近郊のポツダムだが、幼少時代をすごしたのはベルリンのテーゲル館である。ここに宮内官をやめた父、母、五歳年上の異父兄、フンボルト兄弟の五人家族が住んだ。

こうした父と母の家系を見るとつぎのことがわかる。父は貴族とはいえ、ユンカーのように富裕ではなく、保守的でもない。どちらかといえば開明的で、社交の術にたけていた。しかし将校あがりの宮内官だから、さほど教養が高かったともおもえない。母は、夫が死去したあと、フンボルト兄弟の教育にあたった。喜怒哀楽をおもてにあらわさぬ、つめたい性格だったという。こうした父母からヴィルヘルムと、一九世紀前半におけるドイツ最大の自然学者アレクサンダーが生まれた。

ヴィルヘルムは生来内向的で、母の気質をうけついだ。自己の内向性については、ずっと後に、『自叙伝』（一八一六）でこう述べている。「克己心は、私がまったく内的衝動からそれをはじめた一二歳のときから、それをおこなうことをなおはねつけない今にいたるまで、それ自体のほかになんら目的をもたなかった。私は有徳であるために情熱を抑制したことはないし、うまく暮らすためにその情熱を押さえたこともない、ずっと前から私には、世間にかかわり合うのをきらう気持ちがあった。世間から自由に、世間の静観者、審査官でいようとする衝動があった。」ヴィルヘルムとは異なり、アレクサンダーは外向的で、父の気質をうけついだ。こういう内向性と外向性は父母からの遺伝といえなくもないけれど、あまり重要ではない。

幼少時の教育

フンボルトは一七六七年六月二二日、ポツダムに生まれた。正規の学校教育はうけなかった。貴族の子弟が多くそうであるように、家庭教師についたのである。

二歳下の弟といっしょに、ルソー流の啓蒙主義的博愛主義を奉じたJ＝ハインリヒ＝カンペ（一七四六～一八一八）から、ドイツ語、ラテン語、フランス語のほか初等教育をさずかった。カンペがやめてからは、G＝J＝C＝クント（一七五七～一八二九）が、一〇年以上も兄弟の教育をうけもつ。歴史、数学、ドイツ語、フランス語、ギリシア語、ラテン語などである。ややペダンティックだが、教師としては優秀だった。のちに、プロイセン改革に加わり、首相シュタイン（一七五七～一八三一）のもとではたらき、国家顧問官にまで昇進した。クントはフンボルト家の相談役となり、他界したとき、フンボルトは感謝の念からテーゲル公園の一隅に手厚く葬った。このクントのほか、C＝W＝フォン＝ドーム（一七五一～一八二〇）から経済学や統計学、著名な法学者E＝F＝クライン（一七四三～一八一〇）から自然法、啓蒙主義の哲学者J＝J＝エンゲル（一七四一～一八〇二）から哲学を学んだ。こうして幼少時の教育は、もっぱら啓蒙主義者によっておこなわれた。最初の本格的なフンボルト伝を書いた、すぐれた文学史家ルードルフ＝ハイム（一八二一～一九〇一）は、「頃はフリードリヒ大王治下のさいごの数年だった。王の保護奨励のもとに展開した精神生活は、プロイセンの首都において花をひらいた。プロイセンが啓蒙主義の国だとすれば、ベルリンは啓蒙主義の大本営だった」といっている（『生涯と性格』一八五六）。啓蒙主義が一世を風靡した当時、プロイ

ク　ン　ト

ヘンリエッテ

セン貴族の子弟が啓蒙主義教育をうけたのはとうぜんだった。ほかに、フンボルトはベルリンの文芸サロンにこまめに顔をだした。ユダヤ人の啓蒙主義思想家モーゼス＝メンデルスゾーン（一七二九〜八六）、同じくユダヤ人の医者マルクス＝ヘルツ（一七四七〜一八〇三）、ヘルツの若い妻ヘンリエッテ（一七六四〜一八四七）が、にぎやかなサロンをひらいていた。とりわけヘンリエッテのサロンには、初期ロマン派の文学者フリードリヒ＝シュレーゲル（一七七二〜一八二九）、哲学者フィヒテ（一七六二〜一八一四）やシュライエルマッハー（一七六八〜一八三四）などがあつまった。啓蒙主義の人間解放思想や婦人解放思想が、教養あるユダヤ婦人にうけいれられたのである（菊盛英夫『文芸サロン』中公新書）。

後日談になるが、教育長官のときにフンボルトは、プロイセン政府の意にそむいてユダヤ人にたいする寛容政策をとなえた。「国家は、ひとりの人間を彼の独特な特質にしたがってではなくて、かれの血統や宗教によって評価したり、人間品位のあらゆる真の概念に反して、ひとりの個人のようにではなくてひとつの種族にぞくし、或る特質をいわば必然に種族に分つものとみなす、そういう非人間的な偏見にみちた考え方をやめるべきである。しかし国家は、声を大にして明白に、ユダヤ人とキリスト教徒とのあいだになんらの差別もみとめない、と宣言するときにのみ、これをなしうる」（『ユダヤ人にたいする新しい構成の企画について』一八〇九）。感受性のつよい少年時にベルリンのサロンにおいてユダヤ人と交わった経験が、そういう寛容さをとなえさせたのにちがいない。

いずれにせよ、ベルリンにおいて啓蒙主義は今を盛りと開花していた。フリードリヒ二世は一七八六年に他界した。したがってフンボルトの幼少時代は、フリードリヒ治世のさいごの一〇年にあたる。前言したように、祖父の代から王家と多少の縁ができていたこともあって、子どもごころにも王の偉大さを感じていたであろう。ここでフリードリヒとドイツ啓蒙主義との関係について、かんたんに見ておこう。

フリードリヒ大王とドイツ啓蒙主義

「現代はまさに啓蒙の時代、すなわちフリードリヒの世紀である」（カント『啓蒙とは何か』）。「目を転じて北の方をのぞめば、そこから北極星フリードリヒが、われわれにむかって光を投げかける」（ゲーテ『詩と真実』）。「当時は、強力な国家もすぐれた行動力のあることも、明瞭確固とした国民感情もなく——隣国の優越に対抗しうるような文学も芸術も独自の教養ももっていなかったドイツ人の祖国のこの真の危急存亡のときに、フリードリヒ二世があらわれ、プロイセンが興起した」（ランケ『列強論』）。フリードリヒ二世がカント（一七二四〜一八〇四）、ゲーテ、ランケという、近代ドイツの哲学、文学、史学の巨匠にこれほどまで畏敬の念をおこさせたのは、どうしてであろうか。

フリードリヒは皇太子の時代に哲学、文学、歴史を研究し、学者文人と交わった。とくにフランス文化に心酔し、著述はフランス語、会話もフランス語といったあんばいであった。フランス啓蒙主義の大御所ヴォルテール（一六九四〜一七七八）と文通したのみか、ポツダムのサン＝スーシ宮殿に招き、三年間起居をともにした。即位後はオーストリア継承戦争（一七四〇〜四八）や七年戦争をたたかいぬき、オーストリアからシュレージェンをうばった。その結果、プロイセンの領土は一・六倍にふくれ、人口は二五〇万から五四〇万にふえた。反面、こうした勝利はたかい代償をはらわせた。プロイセンはすっかり疲弊したのである。復興が焦眉の急だった。そこでフリードリヒは啓蒙専制主義を実行し完成する。宗教的寛容政策、司法の改革、教育の改革、産業の振興、農民の保護などだ。ルイ一四世のように「朕は国家」ではなくて、「朕は国家の第一の僕《しもべ》」をモットーとした。

ただ、このように啓蒙専制主義を理想化しすぎてはいけない、国家の僕だからといって、支配者をやめたわけではない。ましてルソー（一七一二〜七八）がとなえる人民主権など、かんがえもしなかった。あくまで「上からの改革」で「下からの革命」ではなかった。そうはいうものの、プロイセンがイギリス、フランス、ロシア、オーストリアと比肩する強国になったことは疑いない。フリードリヒは晩年にいたってフランス一辺倒から醒め、ドイツ的本質を認識した。ディルタイ（一八三三〜一九一一）は書いている。彼の精神はプロイセン国家のなかに生きている。それは、孜々《しし》としてしかもまた確固とした行為の精神、啓蒙された、しかしまた道徳的に真摯な思索の精神であり、けっきょくはフランス的教養の軽薄とは反対に、ドイツ哲学の冷徹強固な精神である（『フリードリヒ大王とドイツ啓蒙主義』）。カント、ゲーテ、ランケに畏敬の念をおこさせたのは、こうしたドイツ精神の自覚だったにちがいない。では、フンボルトはベルリンを中心に栄えたドイツ啓蒙主義をどう見ていたか。フンボルトの大学時代、つづく諸国遍歴を一瞥《いちべつ》することにしよう。

大学時代の研究と交友

一七七九年、フンボルトが一二歳のときに父が五八歳で死去したが、フンボルトは暮らしに困るようなことはなかったし、家庭教師クントが万事面倒をみてくれた。しかし将来の方針をたてねばならない。そこで一七八七年に弟とともに、クントにつきそわれて法律勉強のため、オーデル河畔のフランクフルト大学にはいった（二〇歳）。フランクフルトには冬学期いただけで、翌年にはゲッティンゲン大学にうつる。フランクフルトではアレクサンダー＝フォン＝ドーナ（一七七一～一八三一）を知った。この人はヘンリエッテの文芸サロンの常連だった。のちにフンボルトが教育行政長官となったとき、プロイセン政府の内務大臣で、なにかと世話になった。フンボルトに知己友人が多いのも人徳がそなわっていたからであろうか。一年して弟もゲッティンゲンにくる。一年半いたあいだ、フンボルトは法律学はそっちのけにして、ギリシア・ラテンの古典と歴史の研究に明けくれる。古典研究ではハイネ（一七二九～一

ゲッティンゲン　17世紀

八一二）教授の指導があずかって力があった。ギリシア最大の抒情詩人ピンダロス（前五二〇ごろ～四四〇ごろ）の『オリュンピア賛歌』を訳すようになったのも、ハイネの助力による。フンボルト兄弟がハイネ家に足しげく出はいりするうち、ハイネの姉娘テレーゼとその夫ゲオルク＝フォルスター（一七五四～九四）と親しくなった。かれはユニークな自然科学者である。年少のころ、父とジェイムズ＝クック（一七二八～七九）の世界一周に加わり、旅行記を書いている。アレクサンダー＝フォン＝フンボルトとオランダ、イギリス、フランスを旅した。アレクサンダーがあの有名なアメリカ探検旅行をおもいたつのは、フォルスターの刺激が大きい。フォルスターはフランス革命を賛美し、マインツで革命運動をおこして失敗した（一七九二）。妻テレーゼともわかれ、不遇のうちにパリで客死した。フンボルト兄弟とフォルスター夫妻との書簡集は交情のこまやかさをしめしている。

　古典研究のほかにフンボルトはカント哲学に傾倒した。カントが『実践理性批判』をあらわしたのは、まさにフンボルトのゲッティンゲン在学中の一七八八年だ。『純粋理性批判』第二版は前年にでたから、むろんこれも読んだ。啓蒙主義哲学の硬直したドグマから解放してくれた。カント哲学の研究は、F＝H＝ヤコービ（一七四三〜一八一九）との交際でいっそう深くなる。フンボルトは一七八八年の秋にライン地方へ旅した。そのとき、マインツにいたフォルスター夫妻を訪ね、旧交をあたためたが、彼の紹介で二四歳年長のヤコービを訪ね、カント哲学について教えをうけた。ヤコービは、スピノザ（一六三二〜七七）の影響で主知主義的な啓蒙思想に反対するいっぽう、カント哲学をも批判した。すでに哲学者として一家をなしていたのである。フンボルトはフォルスターといいヤコービといい、気質や考えかたでかならずしも自分と同じでない人とも交際する。彼くらい、偏見なしに他人からの影響をうけいれた人は少ない。他人からの影響は自己形成に欠くことができない。かんじんなことは、そういう影響のなかに自己を埋没させてしまわないことだ。

ヤコービ

グランド-ツアー

はなしは変わるが、一八世紀のイギリス貴族階級のあいだでは、子弟をヨーロッパ大陸への大旅行にだすことがはやった。おもにフランスとイタリアへ、家庭教師をつけて、短ければ一、二年、長ければ五、六年におよぶ遊学をする。息子を国際人にしあげるために、文化的先進国を歴訪させたのである。道路はひどく、陸上の交通手段は馬車しかない。そんな悪条件のもとで、よくも大周遊旅行をしたものだ（本田靖久『グランド・ツァー』中公新書）。イギリスの貴族の子弟ほどではないにしろ、フンボルトも方々を旅行した。そして日記に、会った人物や地方の見聞を筆まめにしるしている。ライン地方の旅（一七八八年九月一九日から一一月四日まで）もそうだったが、パリ旅行もそのひとつだった。ちょうど二〇〇年前にフンボルトはパリにいったのである。ケーラーのことばをかりれば「即興的な旅行」である（『フンボルトと国家』一九六三）。即興曲だから、主題モティーフがあったわけではなかろう。

かつての家庭教師カンペとともにブリュッセルを経由してパリについた。パリ滞在は八月三日から二七日までである。フランス革命勃発の直後だ。幼少時から親しんだ啓蒙主義の本家本元である。見るべきものは数多い。自由主義的貴族ミラボー（一七四九～九一）に会い、案内されて国民議会を傍聴したり、国王ルイ一六世（在位一七七四～九二）や王妃マリー＝アントワネット（一七五五～九三）に拝謁した。革命騒動のおこった場所を見てまわる。パリ日記には、一七八九年八月六日にチュイレリー宮のこと、八月九日にはバスティーユ破壊の跡の様子がしるされている。観劇もした。フランスの政情は騒然としていたけれど、パリの市民生活は混乱の極というほどではなかったらしい。

革命直前直後のパリを夜な夜な徘徊《はいかい》したレチフ＝ド＝ラ＝ブルトンヌ（一七三四～一八〇六）の『パリの夜』（植田祐次編訳、岩波文庫）などによれば、パリはそれほど恐怖のちまたでなかった。恐怖政治がはじまるのは数年先のことである。むろんフンボルトは、革命からショックをうけたことはたしかである。だが、フォルスターのように、いやカンペほどにも革命に熱狂はしなかった。資性のせいもあろうし、貴族という立場もあろう。が、根本は政治観による。この点は後述する。

パリ滞在を終えてから九月はじめにマインツにゆき、カンペとわかれてスイスのチューリヒでラーヴァター（一七四一～一八〇一）に会う。スイスのプロテスタント牧師だが、観想学で名をはせ、ゲーテとも親密だった。フンボルトはラーヴァターの示唆で観想学に興味をもち、『人間知の手段としての観想学』という小論を、二回めのパリ滞在中に書いている（一七九七）。こんにちふうにいえば性格学である。「ひとりひとりの人間を子細に観察し、彼らの性格を彼らの相貌や人相の表情のなかで研究し、比較し、ときには時代の多様性のなかで国民の一般的なものを、ときには世紀の相違を探究する。哲学者と芸術家は観想学をりっぱに活用できる」というわけだ。人間にたいするどんらんな興味ははやくからおこっていた。それを友人でためし、いまラーヴァターの説で確信できた。そうした観想学を体系化しないのが玉にきずであるが。

カロリーネとの出会い

異なった性格の友人との出会いも重要だが、なんといっても運命的なのは、カロリーネ＝フォン＝ダッヘレーデン（一七六六～一八二九）とのめぐり会いであろう。一七八九年の一二月にフンボルトはフランスとスイスの旅からベルリンに帰

カロリーネ＝フォン＝ダッヘレーデン

る。以前に面識はあったけれど、帰国してから急速に二人の仲がすすみ、結婚にいたるのである。恋愛体験というものが精神的成長にいかに深い意義をもつか、いまさらいうにおよばない。フンボルトとカロリーネのばあいはモデルケースとなろう。いったいフンボルトはおびただしい量の手紙を書いた。なん種類も書簡集が刊行されている。妻との書簡集が七巻に達するとは前代未聞である。だから二人の書簡を見るだけで、長篇の教養小説を読む思いがする。ここでは馴れそめから結婚までのいきさつを、かいつまんで述べよう。

カロリーネはプロイセン王国秘密顧問官、ミンデン侯国御料地長官カール＝フリードリヒ＝フォン＝ダッヘレーデン（一七三二～一八〇五）と、ミンデンのエルネスティーネ＝フォン＝ホーフガルテンとのひとり娘である。家系の最後だったので、チューリンゲンにあるブルクエルナーとアウレーベンの領地をそっくり相続する。はやく母を失ったため、それだけ父になついた。父はプロイセン国勤務をやめてから、冬はエルフルト、夏は領地ですごした。カロリーネは幼少時の教育を家庭教師R＝Z＝ベッカー（一七五二～一八二二）からうけた。エルフルトはわりとベルリンに近い。それでベルリンで文芸サロンをひらいていた、医者マルクス＝ヘルツとヘンリエッテ夫妻と近づきになる。まえにしるした、ゲッティンゲン古典学教授ハイネの娘テレーゼ＝フォルスター、のちにシラー（一七五九〜一八〇五）の妻となるシャルロッテ＝フォン＝レンゲフェルト（一七六六〜一八二六）とその姉カロリーネ、モーゼス＝メンデルスゾーンの娘で女流作家のドロテア＝シュレーゲル（一七六三〜一八三九）といった、才気煥発な女性たちと交わり、知性にみがきをかけた。

フンボルトの評伝を書いたベルグラールによると、カロリーネはヘンリエッテ＝ヘルツほど活発ではなく、ラーヘル＝レヴィン（一七七一〜一八三三、ドイツのユダヤ婦人でベルリンの文学的社交界のヒロイン）ほど天才肌ではなかった。しかし彼女には、これらの婦人たちの特徴がほどよく調和されていた。美しい、倫理的に優雅な人だった。シラーによれば、「理想的なすがた」「比類ない人」だったのである。

フンボルトはヘンリエッテのサロンに顔をだすうち、カロリーネ＝フォン＝ダッヘレーデンに魅せられた。カロリーネの相談相手となった人に、エルフルトでマインツ代理選挙侯、ドイツ大司教となったK＝J＝A＝M＝フォン＝ダールベルク（一七四四〜一八一七）がいた。この人はゲーテとも仲がよく、シラーのパトロンとなり、フンボルトを激励した。しばしばダッヘレーデン家の客となり、母のいないカロリーネをいつくしんだ。こうしたダールベルクを介して、カロリーネとフンボルトが親しくなったのは不自然ではない。

ダールベルク

結婚

二人はいつしか相思相愛の仲となる。フンボルトの母もカロリーネの父も気がつかない、二人だけの秘めごとである。スイスから帰った一七八九年一二月、フンボルトはエルフルトでカロリーネと会って将来をちかう。すでに前年の夏にブルクエルナーを訪ね、八九年一月と七月にも会っていた。年の終わりに二人はそろってヴァイマールのレンゲフェルト姉妹を訪ねた。妹レンゲフェルトと婚約していたシラーと知り合うのはこのときである。二人の婚約時代についてしるすべきことは多いけれど、婚約時代の往復書簡には「恋愛と教養」が浮きぼりされている。「ぼくは真実を理想化する。リーナよ（フンボルトはカロリーネをこうよんだ）、君をさえ、ぼくは理想化する。しかしこの理想がぼくの空想の産物でないことは明らかだとぼくはおもう」（一七九〇年一月二〇日）といった手紙から想像していただこう。

一七九〇年四月にフンボルトは国家試験に合格して司法官試補の資格をえた。そしてベルリンの市裁判所につとめる。さらに上級試験にもうかり、ベルリン高等裁判所の司法官補となる。外交官試験にも合格し、外務参事官の職をえた。カロリーネとの結婚のために、またカロリーネの父への手前、いつまでも徒食しているわけにゆかなかったのである。ところが裁判官のつとめは一年しかつづかない。裁判官という仕事に疑問をもったのとフリードリヒ＝ヴィルヘルム二世の施政にいやけがさしたのであろう。出版の検閲を強化したりして、父王の開明政治から後退したのだった。もともと彼は「事務」にたいする自分の能力を疑っていた。一七八七年の晩夏にヘンリエッテ＝へルツェに宛てて、「わたしが勤勉で、活動的でいることが好きでないというのではありません。むしろ人の役にたつことがわたしの唯一の目的ですし、どんなにむずかしくなろうとも、この目的のためにすべてを犠牲にする用意があります。しかしわたしは将来たくさんの人とくらさねばなりません。わたしが愛しないような人とも」と書いている。またカロリーネに「事務はぼくの内的傾向にいつも無縁だ。外的な利益なんかはぼくをまったく刺激しない」（一七九〇年一一月）と告白している。ともかく裁判所つとめという事務からなんの未練もなく退く（一七九一年六月）。ただ、外務参事官は休職ということにしておいた。

フンボルトとカロリーネとの結婚についてはフンボルトの母と彼女の父との同意をうるには骨がおれた。いちおうは名門の出だが無位無冠である。が、さいごには同意をうることができ、一七九一年六月末に結婚にこぎつける。フンボルトは一歳年上（二五歳）の新妻と妻の領地ブルクエルナーにこもり、研究と思索の生活にはいる。ずっと後になってフンボルトは若い文献学者ヴェルカー（一七八四～一八六八）にあてて、カロリーネについてこう書いた。「こういう人を見いだしたのは、ほんとうに信じられない幸運です。私たちをあつめた多くの独特さには、偶然の幸運以上のものがあります。それはほんとうの運命です。結婚というものが男にいい影響をあたえることはまれです。しかし私はこういっていい。私たちの結婚は私を救ってくれました、と。彼女はどんな瞬間にも形成するものをもっています。彼女の特徴のひとつは、各人の自由にたいする畏敬の念です。」

フンボルトがこれからすごす三八年間の結婚生活は、二つの独立した人格が力をあわせてつくった共同体の、世にも美しい証しとなるだろう。もっとも、ブルクエルナーの領地にこもりきりというわけではない。友人を訪ねてベルリン、ドレスデン、ハンブルクに行っているし、イェナには長く滞在してシラーと親交をむすんだ。研究と思索の最初の成果が国家＝政治論である。ここで自己育成と遍歴をしばらく中断して、フンボルトの青年期における国家＝政治思想に目をむけよう。

II 政治のなかの人間学

青年期の国家＝政治思想

理性の産物としてのフランス新憲法　フランスにおいては、ルイ一六世と王妃マリー＝アントワネットの国外脱出が失敗（一七九一年六月）し、新憲法が制定（九月）されて立憲君主政にうつる。国民議会は解散し立法議会が成立する（一〇月）。こうした経過を仄聞《そくぶん》したフンボルトは、友人ゲンツにあてて書簡体の論文を書いた。『フランスの新憲法によって誘発された国家憲法に関する諸理念』（一七九一、以下『新憲法』と略記）である。フリードリヒ＝フォン＝ゲンツ（一七六四〜一八三二）はベルリンのジャーナリスト兼政治家で、フランス革命を賛美していた。この小論は、革命に熱中するゲンツに冷水をあびせかけたばかりではない。じしんが幼少時からなじんだ啓蒙主義的合理主義にたいして、はじめて疑惑を表明した。大意はこうだ。

憲法制定国民議会は、理性のたんなる原理にしたがってひとつのまったくあらたな国家組織をつくろうとした。しかし理性に基づいたようないかなる国家制度も、成功することはできない。より強力な偶然、すなわち現在の個性的な状態とそれに対抗する理性とのたたかいから生じるような国家憲法だけが成功できる。この命題は国家憲法にあてはまるだけではない。あらゆる企てにおいても明らかだ。たんに理性の方法によるのでは、計画は実現できない。人間において成功しようとするなら、人間の内部からおこらねばならない。外部からあたえられてはならない。なるほど、理性は現在の素材を形づくる能力はそなえていようが、新しい素材を生産する力はない。この力はもっぱら事物の本質中にある。国家憲法は、芽が木につぎ木されるようなあんばいに人間につぎ木できるものではない。時と自然とが準備しておかなければ、まるで花を糸でゆいつけるようなものだ。太陽が花を焦がしてしまう。理性のたんなる原則にしたがって組織的に計画された国家憲法をあたえられるべき時機に、フランス国民はまだ達していない。理性はあらゆる力の合一した、しかも均斉のとれた活動を要求する。

この小論でフンボルトは、フランス新憲法の是非を論じているのでもなければ、革命のなりゆきを観察しているのでもない。人権宣言の発布を知っていたにかかわらず、それについては黙して語らない。だとすると、『国家憲法に関する諸理念』とは、ぎょうぎょうしい。「羊頭をかかげて狗肉《くにく》を売る」ものではないか。だが注意してほしい、フンボルトはべつな視点から国家憲法を論じていることを。べつの視点とはなにか。それは個性という視点である。現代におけるフンボルト研究の第一人者クレメンス＝メンツェはいう。「根本に個性という観念がある。個性が個々の人間から国民や国家の共同生活という現象へ転用される」（『フンボルトの人間観』一九六五）。したがって国家＝政治論よりも人間論とよぶのがふさわしい。個性が出発点であり終着点なのである。

ランケ

ランケとの類似

ここまできて思いがランケの国家＝政治思想におよぶ。ランケに『政治問答』という有名な論文がある（一八三八）。フランスの七月革命（一八三〇）がドイツにも波及したときに書かれたものだ。七月革命も社会契約説を踏襲している。これにたいしてランケは、自然法に基づく社会契約説は現実の国家＝政治にあてはまらない、と反論する。国家は個性をもつ存在であって、たがいに似た点をもつとはいえ、たがいに独立している。国家契約説によれば、国家は浮き雲にも似た、たよりない浅薄な集合体にすぎないだろうが、ランケはそれと反対に、国家を精神的実体、人間精神の独創的産物ともいうべきものととらえる。空虚な可能性にあざむかれてはならない。外形は移植できるだろう。しかしこの外形が由ってきたる根源、精神を模倣することはできない。この根源、この精神こそが過去と現代とをむすびつけ、未来をもいかす。そこに目をつけない議論は抽象的たるをまぬがれない。

フンボルトとそっくりな言いぶんではないか。つまり、フンボルトの「個性」という考えがランケでは「独創的産物」と名称をかえてうけつがれているのである。ともに啓蒙主義的合理主義にたいする反発である。大事なのは理性の限界を認識したこと。この認識は国家＝政治思想の基本をなすばかりか、実際行動の基本をもなす。フンボルトが暗示的に述べたことを、のちにランケは明示的に述べたのであった。

政治論の根本としての人間論

フンボルトにあって政治論が人間論だということは、もう少し先を読んでゆくとわかる。政治論は背景にしりぞき、かわって人間論が前面にでてくるからである。「私は、この最後の考察になお若干の例をつけ加えずにいられない。どんな時期にも、それ自体では有害だけれども人間にこのうえもなくありがたい良いものを救ってくれる、そういう事物が存する。自由は中世時代になにをあたえたか。啓蒙思想と科学とは野蛮時代になにをあたえたか。僧侶生活だ。いな、われわれは歴史を毫《ごう》も必要としない。人間生活の過程一般が適切な例である。人間生活のどの時期にも、絵画における一種の生活の主人公がいる。ところがその他の者はすべて脇役として、この主人公に奉仕している。他の時期になると、この主人公が脇役となり、彼らのひとりが前面にでてくる。このようにしてわれわれは、あらゆるたんに明朗な気楽な享楽は幼年時代に負うし、感得された美にたいするあらゆる熱狂や、これをかちうるための労働とか危険にたいするあらゆる軽蔑は血気さかんな青年時代に、あらゆる注意深い熟慮や理性の根拠から生じるあらゆる熱心さは壮年に、老衰そのものという考えにたいするあらゆる習慣や、かつてあって今はもうないものの考察にたいするあらゆる憂愁にみちた歓びは老年の老衰に負う。どの時期にも人間はたしかに実在している。けれどもどの時期にも、彼の本質のただひとつの火花しか明るく煌々《こうこう》とかがやいてはいない。他の時期においては、あるときはすでに半ば消失した、あるときはやっとこれから燃えあがろうとする光の微光がある。」

「どのような能力や感覚も、すべての個人にあってまさしくこれと同様である。しかしある種の個人は、あらゆる状態の継続においてすら、あながちいっさいの感情を汲みつくすとはかぎらない。たとえば人間においては、男は、永久に自己の外ではたらくことに忙殺され、永久に自由と支配とをもとめてやまないけれども、温和や善や、また幸福によって他人を幸福にしようとする願いなどはめったにもたない。こうした幸福は、感じられはするが、あたえられるものによるとはかぎらない。こういういっさいの事柄は、女にとってはきわめて固有なものだ。これに反して、女にはままく強さや活動性や勇気が欠けている。」

このテーマはのちに『男性形式と女性形式』でくわしく論じられるが、こうなるともうフランス新憲法とはなんの関係もない。勝手なご託をならべているにすぎない、と読者はおもうだろう。だが、フランス新憲法をいわばダシにして人間を論じているのだとさとれば、それなりにすじがとおる。ここのところにフンボルトの政治論のユニークさがある。このユニークさを解しようとしないと、フンボルトのいうことはよくわからない。

『新憲法』はエッセーに近い。分量も小さい。議論がときに飛躍するため、主眼点がつかみにくい。これに反して第二の政治著作『国家活動の限界を規定せんとする試論的考察』（一七九二、以下『国家活動』と略記）は、四〇〇枚の大作である。理路整然、とうてい二五歳の人の著作とはおもえない。

「書物も運命をもつ」

「書物も運命をもつ」というラテン語のことわざは、この著作にこそあてはまるだろう。シラーがまず読み、一七九二年一一月に、出版業者ゲッシェン（一七五二～一八二八）に「この書はたいそうゆたかな政治的暗示をふくんでおり、りっぱな哲学的基礎にたっている。自由精神をもってかんがえられ、書かれている。こういう内容やこういう精神で書かれた本書は現代に必要だ」と出版をすすめた。しかしゲッシェンは首をたてにふらなかった。専制政治のお膝元で、急進的自由主義とも無政府主義ともとられかねぬ本を出版することは、はばかられたのである。それでフンボルトは、シラーが編集する「ターリア」誌に一部を掲載するにとどめた。

全部が出版されたのは、フンボルトの死後一六年たった一八五一年のことである。出版されると、たちまち評判になった。「ウェストミンスター＝レビュー」がさっそくとりあげた。フランス語訳は二つもあらわれた（一八六六、一八六七）。ジョン＝ステュアート＝ミル（一八〇六～七三）が『自由論』（一八五九）で再三引用したことは周知であろう。一九世紀半ばのイギリスでは、経済的自由と政治的自由の獲得が時代の課題となっていた。ミルは政治的自由の獲得を根拠づけた。そのなかでフンボルトを引用したのも合点できる。いまではドイツ自由主義の古典として、レクラム文庫その他で普及している。

自由主義政治思想の先駆

「緒論」はつぎのようにはじまる。もっとも注目すべき憲法相互を、またそれらともっとも信頼すべき哲学者や政治家の意見とを比較してみると、なんといってもまず第一に注意をひく一個の問題が、ひどく不完全に論じられ、ひどく不正確に答えられていることにおどろく。そもそも全国家組織はいかなる目的に向かって努力し、いかなる制限をみずからの活動に加えるべきか、という問題がそれである。私は、あらゆるあたらしい国家組織においては二つの対象に注目しなければならないとおもう。第一は、国民の支配的部分と奉仕的部分、および統治の実際組織にぞくする一切のものを規定すること、第二は、いったん組織された統治がその活動をひろげると同時に制限しなくてはならぬもろもろの対象を規定すること、がそれだ。ほんらい市民の私生活に容喙《ようかい》して、彼らの自由闊達な活動の程度を規定する後者こそほんとうの窮極目標なのであって、前者はこの目標に達するために必要な手段にすぎない。ひとつの目標をめざして邁進《まいしん》し、物質的ならびに道徳的な力をつくしてこの目標に達すること、そこに力強い人間の幸福がある。征服者にとっては、獲得した土地よりも勝利のほうがいっそう喜ばしく、改革者にとっては、改革の危険な不安のほうが成果の享受よりもいっそう喜ばしいように、人間にとっては支配のほうが自由よりも魅力がある。自由を維持するための配慮は、自由の享受よりも人をひきつける。自由とはひとつの不定多様な活動の可能性にすぎないけれども、支配や統治は実際的な活動である。自由への渇望は自由の欠如感からはじめて生じる。とはいえ、国家活動の目的および制限の研究が重要なことは否定しがたい。こうした研究のみがすべての政治学の窮極目的にかんするのである。

国家活動の限界を研究してゆけば、もろもろの力のより高い自由と状勢のいっそうの多様性とに到達せざるをえない。ところでより高い自由が可能となるためには、つねに同じ程度に高い教養、行為する人間の力強さや多様性が要求される。現代がこの教養、力強さ、多様性において優っているとすれば、人は現代に、この優越が正当に要求する自由をあたえなくてはならない。

憲法の歴史を一瞥《いちべつ》すると、憲法の活動が制限される範囲を明白にしめすことは至難なことがわかる。いったい古代の国家においては、市民の私生活に関係するほとんどあらゆる組織がもっとも固有の意味で政治的だった。私生活の自由は、公共の自由が少なくなればなるほど増大した。古代の立法者も哲学者も、つねに人間のために配慮した。彼らには、人間では道徳的価値が最高のものとおもわれたから、たとえばプラトン（前四二七ごろ～三四七）の『共和国』は、政治的著作というより教育的著作であった。こうした点で、古代国家と近代国家とのあいだにははなはだしい相違がある。古代人が人間の力や教養のために心をくばったとすれば、近代人は人間の幸福、財産、生業能力のために心をくばった。古代人は徳をもとめたのに、近代人は幸福をもとめた。したがって自由の制限は、古代国家においては重ぐるしくかつ危険だった。古代人と近代人との区別は明らかだ。さいきん数世紀においては、進歩の迅速、多量の発明とその普及、実現された仕事の偉大さがわれわれの注意をひくとすれば、古代においては、ひとりの人間の生涯とともに去った偉大さ、空想の開花、精神の深さ、意志の強固が注意をひく。私はこの相違についてアリストテレス（前三八四〜三二二）の『倫理学』の一個所をひいて結論とする。「各人にとっては、彼の本性にしたがって固有なものが、彼には最善でもっとも心地よきものである」。以上のように見ただけで、フンボルトが自由主義政治思想の先駆者であることは明瞭であろう。

国家活動の限界

フンボルトによれば、国家は人間がその目的を達するための技術的手段にすぎない。だから人間がかりそめにも国家の犠牲になるようなことがあってはならない。国家は人間育成という目的に仕えるときにのみ、是認される。人間のほんとうの目的は、自己のもろもろの力をもっとも高度に、かつもっとも均斉をとって形づくり、ひとつの全体に到達させることである。この形成のためには、自由が第一の必要欠くべからざる条件である。だが自由のほかに、人間諸力の発展はなおべつなもの、すなわち状況の多様性を要求する。いかに自由な、不羈《ふき》独立の人間といえども、単調な地位におかれると、あまり成熟しない。この多様性は、一方では自由の結果を意味するが、他方では一種の抑圧を意味する。こうして両者はある程度同じものである。にもかかわらず、イデーを明白にするには両者を区別することが適切だ。いかなる人でも、一時にはひとつの力をもってしかはたらくことができない。したがって人間は一面性をもつように運命づけられている。あまたの対象にひろがろうとするが早いか、みずからのエネルギーを弱めるものだ。しかし人間が個々の、単独で用いられた力をあわせ、ほとんどすでに消えた火花をも、今から燃えあがろうとする火花をも、彼の生涯のあらゆる時期において同時に協力させるならば、こうした一面性をまぬがれる。このばあい、いわば過去と未来を現在に結合させるものが、社会において他人との結合を生じさせるのである。なぜなら、いかなる人間でも、生涯のあらゆる時期をつうじて、全人類の性格をなす完全性のひとつにしか到達しないからである。

『国家活動』でもっともひんぱんに引用されるのは、おそらくつぎの句だろう。「国家制度と国民結合とは、たがいにいかに固くむすばれていようと、たがいに混同されてはならぬ。国家制度は、強制や暴力によるのであれ、習慣や法律によるのであれ、市民にたいして確定した関係を指示するが、そのほかになおこれと異なった、市民によって自発的にえらばれた無限に多様な、しかもしばしば変化するものがある。そしてこの後者、すなわち国民相互の自由な活動こそ、それにたいする憧れが人間を社会にみちびくところの一切の財をまもるものなのである。ほんとうの国家制度はこうした目的に従属せねばならない。そしてつねに必要な手段としてのみ存し、かような制度はたいていは自由の制限と結合されるから、必要な悪としてまもられるにすぎない。ところで人間の目的とは、彼のもろもろの力をひとつの全体へ、もっとも高く、またもっとも均斉をとって育成することにほかならない。けだし、人間をして偉大ならしめるのは精神的な力であり、内的な創造性だから。国家は、人間がそうした目的に達するための手段にすぎない。」

国家の活動には限界があるべきだ。市民の幸福安寧を促進するとか、外敵の防御にあたるとか。それ以上にすすむときは、百害あって一利ない。国家を「必要悪」としてみとめはするけれど、なるべく国家の活動範囲をせばめ、反対に個人になるべく多くの自由をあたえること。これが、全一六章で述べた根本思想である。イギリスのアダム＝スミス（一七二三～九〇）が経済学上最大の古典『国富論』（一七七六）をあらわしたのは、その一〇数年まえのことだ。もちろん、一介の書生の著作は、名声嘖々《さくさく》たるグラスゴー大学教授の大著とくらべるべくもない。ただ、スミスが自由放任をとなえた一〇数年後に、おくれたドイツで政治上の自由放任をとなえたフンボルトには、やはり先見の明があったというべきだろう。

啓蒙専制政治への批判

こうした国家＝政治思想の根底には、なおフリードリヒ二世流儀の警察国家にたいする反感が横たわっていたのを見のがしてはならない。革命のフランス国家が「下からのデスポティズム」だとすれば、フリードリヒの国家は「上からのデスポティズム」だ。「下からの」とか「上からの」というのは、空間的意味でなくて社会的意味である。下層民衆が下からおこす変革と君主がおこなう天くだりの改革である。「一切を人民のために、されど何ごとも人民によらず」としたフリードリヒの啓蒙専制政治は、支配者と被支配者を選別する官憲国家にほかならない。そういう国家は機械的なもの、精神なきもの、外面的なものであって、人間の自発性を考慮しないどころか、これをそこなう。『新憲法』はいう。「政府は国民の物質的および道徳的な幸福や安寧について配慮せねばならないという原理が生まれた。これこそ不愉快きわまる重くるしい専制主義である。なぜなら、こうした抑圧の手段はきわめて陰険、きわめて複雑だったから、人間は自分では自由とおもいながら、彼らのもっとも高貴な力を麻痺させられたのだから。」

フンボルトの見るところ、フリードリヒの国家は、人間から機械をつくり、精神を空虚な事務によって無感覚にする官僚的機械主義以外のものではない。『国家活動』は官僚主義をこうも痛烈に批判する。「とくにここには、人間とその育成とにきわめて密接に関係するがゆえに看過してはならない損害がある。すなわち、政務のじっさいの管理はそのために紛糾し、混乱しないためには信じがたいほど多くの細目にわたる組織を必要とし、同じようにたくさんの人間を忙殺する、という損害である。しかも彼らのうち大多数は、ただ事物の記号や紋切型を相手にしなくてはならない。そのためにいまや多くの、おそらく卓越した頭脳が思索から遠ざけられ、多くの平生はもっと有益な仕事にたずさわる手が実質的な仕事から遠ざけられるばかりではない。彼らの精神力そのものが、一部は空虚な、一部は一面的すぎるこうした仕事のためにそこなわれてしまう。いまや政務の処理といったあたらしい平々凡々たる職業が生じ、この職業が官吏を、ほんとうに国民に従属させるよりは、むしろじぶんたちに給料をはらう国家の支配者に従属させるようになる。かような方法で政務をとる連中は、事柄を無視して形式しか見ない。こうしてあたらしい形式、あたらしい繁文縟礼《はんぶんじょくれい》、あたらしい拘束が生じ、そこからふたたびとうぜんにもあたらしい事務家が増大する。事務はほとんどまったく機械的となる。人間は機械と化し、ほんとうの熟練と誠実は、信頼もろとも減少するにいたる。」現代の官僚制度にも耳が痛い批判ではないだろうか。

人間育成とは何か

このように国家にたいして個人の自由をまもり、国家活動の限界をおくのは、なにも自由を無制限とするからではない。個人の素質や力をたかめ完成するために、自由が不可欠の条件だからにほかならない。かんじんなのは個人の育成である。フンボルトは育成（教養、陶冶）を文化や文明のうえにおく。「内的な精神評価の立場からわれわれは、文明と文化をも、人間精神がそれへ向上することができる頂上とみなすことができない。文化と文明は、さいきんもっとも高い点に達し、普遍的ともなった。だからといって同時に、人間本性の内的現象が、たとえばわれわれが古代のある時期においてみとめるように、同様にひんぱんで強いかどうか、戻ってきたかどうかを、確実に主張することはむずかしい。文明とは、民族の、外的な設備や風習や礼儀における人間化だ。文化は、社会状態のこの改良に学問や芸術をつけ加える。しかしわれわれがドイツ語で「ビルドゥング」というとき、より高いもの、もっと内面的なものをかんがえる。つまり、あらゆる精神的道徳的な努力の知識および感情から、調和をとりながら感覚や性格のうえにそそがれるような性情をさす」。そうした内面的なものをたかめるがゆえに、自由は尊い。

しかしそういわれても、人間育成とは何か、読者にはピンとこないだろう。だいたいフンボルトは、人間育成について断片的にしか論じていない。断片的ということが泣きどころなのであって、『自叙伝』（これも断片だ）においても反省している。「私がひとつの論文、一冊の本、往々にして重要な著作の対象にしようとおもう思想を抱きながら、けっしてやりとげないということが、いつでも私の生涯における内面の苦しみだった。これを妨げる事情は外部のものではない。私は長い年月をつうじて、もっとも自由な、もっともうらやましい境遇にいた。事情はむしろ外部のもので、この事情を究明することが私の精神的特質全体をいちばんよく解明することになろう。ほとんどつねに、繁忙なときでも、私はこうした計画と無関係なときはなかった。なんべんもあたらしい計画をたて、書きはじめる。しかも書いたものをひきちぎる。将来の仕事のために材料をあつめる。そして途中でやめてしまう」。フンボルト自身がこううち明けているのだから処置なしだ。読者に納得がゆかないのもむりがない。

『国家活動』の翌一七九三年に、フンボルトは『人間育成論』と題する小文を書いた。そのころ、ブルクエルナーでくらしていたが、一七九三年一〇月と一一月に、シラーの親友C＝G＝ケルナー（一七五六～一八三一）に手紙を書き、人間育成の原理を論じて人類の哲学的歴史を書くという遠大な計画をもらした。が、けっきょくは断片に終わってしまった。その一節でこうのべる。「活動のあらゆる中心に、ひたすら自己の本性の力を強く高尚にし、自己の本質にたいして価値と継続をあたえようとする人間がいる。人間にとって問題は、もっぱら自己の内的改善と醇化《じゅんか》ということである。われわれの存在の窮極課題とは、人間性という概念にたいしてできるだけたくさんの内容をあたえることである。この課題を解決するには、われわれの自我を世界とむすびつけ、もっとも一般的、もっとも活発な、もっとも自由な相互作用たらしめること以外にはない。このことだけが、人間認識のあらゆる部門のとり扱いを判断するための真の標尺である。われわれの自我を世界とむすびつけるということは、不可解なばかりでなくて常軌を逸した考えのようにおもわれよう。しかしさらに研究してみると、人間精神の真の努力を探索すれば、つまらないものでは満足できないことがわかってくる。人間の本性は自己から自己の外部の対象へうつるように促してやまない。」

「われわれの自我を世界とむすびつけ、もっとも一般的、もっとも活発な、もっとも自由な相互たらしめる」ということばに注意されたい。フンボルトはたんなる個人主義者ではない。いっさいの人間的なものは個性的である。だが個人の個性には限度がある。だから個性は世界へ向かって自己をひろげなければならない。経験とか他人との交際とかによってはじめて、人間は普遍性へ、個人的主観的なものから客観的なものへ達する。個性はその対極である普遍性なしには何ものでもない（シュプランガー『フンボルトと人間性の理念』、一九〇九）。個人の自己完成は個人だけで達成できるものでなくて、共同社会すなわち世界との折衝がなくてはならない。世界を介して個人ははじめて個人となる。世界は人間のあらゆる対象の領域や生産物を包括する。言語、歴史、芸術、学問、道具、人間のあらゆる状態——そういうものは個人をこえた存在だ。こうした世界がなければ、じつは人間の生も不可能なのである。人間は世界を変える。が、変えられた世界が人間に反作用する。個性は有限である。だからこそ全体としての世界と交渉をもたなくてはならない。個性も重要だけれど、世界との交渉がより重要である。個性とか独自性は世界のなかで完成されて、全体性や普遍性に達する。

みぎのようなコメントを加えれば、フンボルトが意味する人間育成が、いくらかはっきりするのではなかろうか。彼の考えは論理的な一義性を欠く。『人間育成論』をとりあげただけではわからない。けっきょく、彼の全著作から判断するほかない。ここに、なんどもいうが、フンボルトの類のないユニークさがある。

ドイツの情勢

ところで、以上のような国家＝政治思想をフンボルトに特有とみなすのは、なお読みが浅い。多くの研究家が異口同音にいうように、彼は生まれつき行動的より享受的で、政治的人間に必要な、権力にたいするセンスがにぶい。このような非政治的な性向あるいは政治的無関心は、フンボルトひとりのものではなくて、当時におけるドイツの学者文人に共通だったのである。中世以来のドイツの状態をふりかえってみよう。九六二年にオットー一世（在位九六二〜九七三）が「ドイツ国民の神聖ローマ帝国」を建設したものの、国民も帝国もないにひとしかった。ドイツ皇帝は内では諸侯との、外ではローマ教皇との争いにわずらわされ、実質的権力をもたなかった。近代が幕をあけると、イギリス、フランス、スペインなどの西欧諸国は民族統一と中央集権に成功した。そうしたかんじんかなめの時期に、ドイツは宗教改革や新教旧教両派の争いにまきこまれた。三〇年戦争（一六一八〜四八）は国土を荒廃させ、経済発展に大打撃をあたえた。一八世紀の後半になっても、ドイツは三〇〇以上もの領邦国家のより合い所帯にすぎなかった。

ドイツ諸邦のなかでハプスブルク家のオーストリア、ホーエンツォレルン家のプロイセン、選帝侯国バイエルンは別格として、あとは似たりよったりの小国である。こういう小国分立の状態が、一八世紀のドイツの政治や文化を規制せずにいなかった。ドイツの侯国や都市の規模がどの程度であったか。たとえば、ヴァイマールを首都とするザクセン-ヴァイマール-アイゼナハ公国の住民はたった一〇万六〇〇〇だ。ゲーテはこのヴァイマール公国のカール＝アウグスト公（一七五七〜一八二八）に仕えたのだが、ゲーテの存在によってその名をドイツに喧伝されたヴァイマールはわずかに六〇〇〇名である。ついでにいえば、ベルリンが一四万三〇〇〇、ヴィーンが二二万六〇〇〇、バイエルンの首都ミュンヘンが五万だから、パリやロンドンとはくらべものにならない（小栗浩『人間ゲーテ』岩波新書）。

ドイツ諸侯はこんな小国のなかで無為のくらしをしていた。国民的統一や市民的自由を希求し、これを実現してゆくのはイギリスやフランスでは、ブルジョアジーである。ところがドイツでは、ブルジョアジーの形成がひどくおくれていた。市民はせせこましい町でしがないくらしをするほかに能がなかった。こうした事情であってみれば、ドイツ人は自分がぞくする領邦や町に多少の愛郷心をもちえても、ドイツ全体にたいする愛国心などもちようがなかったではないか。

小国分立のとりえ

しかし、こうした小国分立状態をなげくのは一面的な見かたであろう。小君主たちが文化を保護した結果、特色ある地方文化がそだった。つまり、政治的分裂とひきかえに地方文化の発達をえた。ゲーテは晩年に述懐している。「ドイツが偉大であるのは、驚くべき国民文化が国のあらゆる場所に均等に行きわたっているからだ。ところで、国民文化の発生地で、その担い手となり、育ての親となるのは、各王侯の城下ではないか。――もしも、数世紀末ドイツに二つの首都、ヴィーンとベルリン、あるいはただ一つの首都しかなかったとすれば、いったいドイツ文化はどうなっているか、お目にかかりたいものだ。いや、そればかりか、文化に伴って隅々まで拡がっている富の状態はどうなっていることだろう」（『エッカーマンとの対話』

（下、山下肇訳、岩波文庫）。

脱線するが、現代オランダ随一の歴史家にホイジンガ（一八七二～一九四五）という人がいる。主著『中世の秋』（一九一九）は洛陽の紙価をたかめた。邦訳されているから、ご存知のむきがあるかもしれない。第二次大戦のとき、オランダはナチス-ドイツ軍の侵入をうけ、ホイジンガはライデン大学を放逐された。オランダが解放される直前に死去したが、このホイジンガがいっている。「ドイツの分裂は、世界がドイツ民族に負うている偉大な業績をどれ一つ不可能にしたわけではなく、むしろこれらの仕事の多くを促進さえしたのである。文化に対してドイツ精神がなした、永続的な価値を有する寄与のすべては、もしそれが、もっぱら統一された大きなドイツから発することになったとしても、決して、今より偉大でもなければ美しくもなく、良くも幸いでもなかったろう。小さなすべてのドイツ諸国家は、まさにその狭い境界線に囲まれた範囲の中で、理想的な行政単位と、真の文化の温床を形成した」（『汚された世界』磯見昭太郎訳、河出書房新社）。ホイジンガは、中世ドイツに託しつつ、現代の巨大国家にたいして小国家オランダの立場を毅然《きぜん》として主張しているのである。

理念のなかの「自由の王国」

そういうとりえはあるにしろ、「引かれ者の小唄」の感なきにしもあらずだ。小国分立がドイツの政治的後進性をもたらしたことは、争えない事実だからである。

いたるところにびまんした政治的無気力、無関心に直面したさい、学者文人が精神の王国に逃避したのはしかたがなかった。啓蒙思想の世界主義も手伝って、彼らは現実の国家をこえた普遍的国家へたかく舞いあがる。そしてドイツの政治的弱みにたいする歎きが、一変して精神的優越の誇りとなる。シラーは『ドイツの偉大さ』（一八〇一）と題した未完の詩でいう。「ドイツ帝国とドイツ国民とはべつものだ。政治的なものからはなれて、ドイツ人は独自の価値をきずいた。たとえ帝国がほろびようと、ドイツの品位は存続するだろう。それは道徳的な偉大さであり、それは国民の文化と性格のなかに存し、政治的運命とは没交渉である。政治上の帝国は動揺しようとも、精神的帝国はいよいよ固く完全に形成される」。シラーは『理想と人生』（一七九五）という哲学詩においても歌った。「地上の不安を忘れされ。せまく息ぐるしい生活からぬけだして理想の王国にはいるがよい」。してみれば、一八世紀末から一九世紀はじめにかけてのドイツにおける古典哲学や文学の豊《ほう》饒《じょう》は、政治的貧困のうら返しにほかならない。

古典哲学者と文学者からさらに二、三の例をあげよう。カントはいう。「啓蒙とは、人間が自分の未成年状態から抜けでることである。未成年とは、他人の指導がなければ、自分自身の悟性を使用し得ない状態である。ところでかかる未成年状態にとどまっているのは彼自身に責めがある。というのは、この状態にある原因は、悟性が欠けているためではなくて、むしろ他人の指導がなくても自分自身の悟性を敢えて使用しようとする決意と勇気とを欠くところにあるからである。それだから〈敢えて賢こかれ！〉、〈自分自身の悟性を使用する勇気をもて！〉——これがすなわち啓蒙の標語である」（『啓蒙とは何か』一七八四、篠田英雄訳、岩波文庫）。カントによれば、このような啓蒙を成就するに必要なものは自由である。しかし注意されよ、カントにあっては「およそ自由と称される限りのもののうちで最も無害な自由——すなわち自分の理性をあらゆる点で公的に使用する自由」であることを。社会的自由でもなければ政治的自由でもない。もちろん思考の自由も重要ではあるけれど、それだけに重心がおかれると、政治的自由のほうはおろそかになる。そうした考えはその後のドイツの哲学者の考えを規定しないではいなかった。

古典文学者においても事情は同じだ。ヴァイマールの古典主義者は、現代政治にたいする失望から自己の内面世界に沈潜した。そして外部の生活がいかにみじめであろうと、内的な生活内容はゆたかなはずだ。彼らは活動すべき場をもたなかっただけそれだけ、全力を内界に向ける。普遍的人間性の理念が国民性とか民族性の理念よりもしっかと彼らをとらえる。理念のなかの「自由の王国」は、観念的であるばかりでなくて、美的な性格をおびる。シラーの『人間の美的教育に関する書簡』（一七九五）に明らかである。かつては自由にあこがれてフランス革命を謳歌したシラーは、革命の経過を知るにおよんで批判的となり、人間性の浄化なしにはいかなる革命も無意義な流血の惨事に終わるべきことを痛感した。いっさいの政治改革は性格の高尚化から発せねばならない。そこで「必要の国家」と「理性の国家」とのあいだに「美的国家」をおいた。だが美的国家は実現できるであろうか。不可能なことを彼じしん知っていた。書簡はこうむすぶ。「かくのごとき美しい仮象の国は存在するか。またそれはどこに見いだされるべきか。要求からいえば、それはおのおの美わしい調子の魂のなかに存する。事実からいえば、それはただ純粋な教会や純粋な共和国のごとく、あるいは少数のえりぬかれた団体のなかにおいてのみ見いだされるであろう」。しょせんは精神的王国のなかで見た孤独な夢だったのではなかろうか。カント、ゲーテ、シラーにおける自由の理念についてくわしく知りたい方には、カッシーラーの名著『自由と形式——ドイツ精神史研究』（中埜肇訳、ミネルヴァ書房）を、おすすめしておく。

シラーとフンボルト

シラーは一七八八年九月にはじめてゲーテと会ったといわれている。ゲーテの口ぞえもあって、一二月にイェナ大学の歴史学助教授に招かれ、翌一七八九年五月にイェナにうつった。フンボルトの妻カロリーネを介してシラーとフンボルトは相識の間柄である。前述したように、フンボルトは『国家活動』の手稿をみせて興味をひいた。シラーはその一部を「ターリア」誌にのせる。二人の仲は日ましに深くなり、フンボルトを説いて一家（妻と長女カロリーネ）をイェナの自宅近くに住まわせる。彼らが活発な思想交換をおこなったことは想像にかたくない。「われわれは日に二度会った。たいてい夜おそくまで」とのちにフンボルトは書いている。とうぜん『美的教育に関する書簡』が話題にのぼったであろう。カント哲学研究についてはシラーが先輩だが、ギリシア研究ではシラーはフンボルトから多くの示唆をえた。ギリシア人における人間性の理想は、フンボルトをとおしてシラーの関心事となったものとおもわれる。

ところでシラーによれば、人間は、必要の強制なしに遊戯しているときにのみ、ほんとうの人間である。というのは、あらゆる力が遊戯において均斉をとってはたらくから。まさにフンボルトの人間育成論と同じ発想である。若いときから貧窮に追われたシラーから見たら、官途にもつかず、妻の領地で研究に打ちこんでおられる貴公子フンボルトは、遊戯人の典型のように見えたかもしれない。ともあれ国家に超然としたドイツの学者文人気質、シラーとの友好などを知るとき、若いフンボルトの「国家からの離反」が理解できるというものだ。

シラー

III 新人文主義の形成

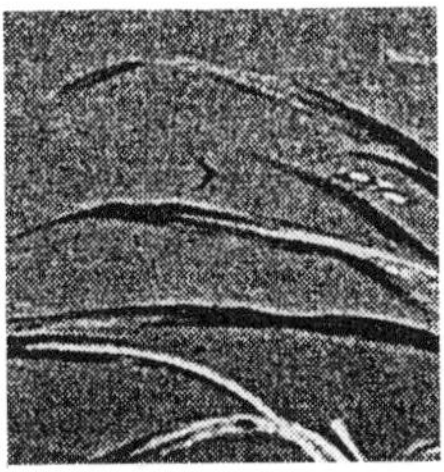

フンボルトの人間学

前章において、フンボルトの国家＝政治思想が、独自な人間育成論、啓蒙的専制主義にたいする反感、国家に超然とした当時の学者文人気質などに由来する

政治学と人間学

ことをひと通りのべた。このことはたいへん重要なので、もう少し敷衍《ふえん》したい。フンボルトの政治学は人間論（人間学とか人間知ともいいかえられる）に裏うちされていた。が、考えてみれば、古来、政治思想家でなんらかの人間論を前提としていなかったものはない。

ギリシアのアリストテレス（前三八四～三二二）によれば、「人間は本性上ポリス的動物」であって、ポリス的人間が政治学や倫理学の前提である。『ニコマコス倫理学』や『政治学』は、ともに「人間にかんすることども」の哲学である。ただし、倫理学は人間を個人として抽象性において論じるのに、政治学は人間をともにある人間すなわちポリス的社会の人間として具体性においてあつかう。が、両者はわけることができない。倫理学が終わるところから政治学がはじまる。ギリシアのあとにおこったヘレニズム時代には、世界をわが家とするコスモポリタンな世界観人生観がおこなわれた。人はもうせまいポリス的社会にとじこめられていない。いきおい、国家道徳はすたれて

個人道徳が尺度となる。ストア哲学はそうした時代の哲学だが、ストア哲学者はおおむね政治に無関心《アパティア》だった。

中世においては、キリスト教的人間学が政治学を規制したことは、論をまたない。だがキリスト教的中世が終わって近世にはいると、まずイタリアのルネサンス時代にマキアヴェリ（一四六九～一五二七）があらわれる。人間本性の同一性とか性悪説から近代政治学を創始する。そのさい、政治と倫理は峻別され、政治学は倫理に拘束されず、権力闘争にかちぬくための技術を教える。イギリスの政治思想家ホッブズ（一五八八～一六七九）によると、人間は自然状態においては自己本位で何ものにも抑制されない。人間はそうした自然権をもつ。しかしだれもが自然権を主張した日には「万人にたいする万人の闘争」とならざるをえない。それだから人間はたがいに契約をむすんで国家状態をつくる。こうしてつくられた国家は絶対的主権をもつことになり、これによって市民の平和と幸福を維持する。国家主権者が無制限な権力をもつとしたのは、ステュアート朝の絶対主義を弁護したものだ。ステュアート朝の絶対主義は名誉革命（一六八八）でたおされるが、この市民革命を理論づけたロック（一六三二～一七〇四）においては、人民主権や人民の抵抗権が彼の政治学の核心である。ロックをついだヒューム（一七一一～七六）においても、市民社会の政治学の根底にあるのは人間論である。

フンボルトの人間論の特異性

ハイネマンが『フンボルトの哲学的人間学と人間認識の理論』（一九二九）においてて「ヨーロッパにおける哲学的人間学の連峰中の高峰」と称しているくらいだから、相当のものにちがいないが、フンボルトの人間論はこれまでの人間論と趣きを異にする。ひとくちでいえば人間育成（教養、陶冶）論だ。こういう特異な人間論が政治思想の根帯となっていたことは、すでに見た。イェナにうつってからも、人間研究はたゆみなくつづけられる。そしてシラーが編集する「ホーレン」誌に三つの論説をよせた。『両性の区別とその有機的自然におよぼす影響について』（一七九四）、『男性形式と女性形式』（一七九五）、『比較人間学の構想』（一七九五）がそれである。さいごの論説をのぞいてみよう。書きものの尻きれとんぼに自分で愛想をつかすフンボルトではあるけれど、この論文は、㈠緒論、㈡この研究の重要性、㈢性格の特質におよぼす個人的人間知識の直接の影響、㈣比較人間学一般の目的と処置、㈤方法、拡張と限界、㈥分類、資料と補助手段、必要な気分、㈦性格の相違一般、㈧比較人間学という思想がとくに基づいている最主要な事実、というふうに起承転結がある。

比較人間学とは

では、比較人間学とはどういうものか。「われわれは比較解剖学で人体の状態を動物のからだの研究によって説明するが、これとまったく同じように、比較人間学ではさまざまな人種の道徳的性格の特徴をならべ、比較しつつ判断することができる。歴史家、伝記作家、紀行家、詩人、あらゆる種類の著者は、思弁的哲学者すら例外でなく、この学問にたいする資料をふくんでいる。家におけると同じく旅において、閑な生活におけると同じく多忙な生活において、こうした資料をゆたかにし、利用する機会がいたるところにある。そしてあらゆる研究のうちで、他のいかなる研究も、人間の研究ほどわれわれの不断の伴侶であるものはない。ただ問題は、豊富な材料をあつめ、精選し、整理し、手を加えることである。こういうことをするのが比較人間学のつとめである。比較人間学は一般人間学に基づく、人間の種属＝性格を周知のものと前提するゆえに、ただこうした性格の個人的相違だけを探求し、たんに偶然的な一時的な相違を本質的な永続的な相違から区別し、これらの相違の性質をみきわめ、その原因を探索し、その価値を判断し、これらをとりあつかう方法をさだめ、そしてその発展の進行を予言するものである。およそ人間生活には、人間についての知識、しかもたんに普遍的哲学的にかんがえられた人間ばかりでなく、われわれの目のまえにあらわれている個人的な人間についての知識、を必要としないような実務は存しない。あるがままの人間を知ると同時に、いかなる方へ人間が発展しうるかを自由に判断するには、実際的な観察眼と哲学する精神とが共同してはたらいていなくてはならない。」

比較人間学の効用

「比較人間学は、二重の目的と二重の仕事のために有益である。比較人間学はもろもろの性格の知識を容易にし、それと同時に、こうした性格の価値を判断し、その今後の発展をかんがえ、いかにしてこうした性格が他の性格といっしょにひとつの全体として協力する力があるか、その可能性を熟慮するための、一個の哲学的入門をあたえる。比較人間学は、人間を利用したり支配したいとおもう事務家に役だち、同時に、人間を改良し育成しようとつとめる教育者の役にたつ。だが比較人間学はそれ以外に、人間精神のもっとも面白い仕事である。なぜなら、人間精神は比較人間学のなかに、㈠自然が供するもっとも高尚な対象が、いとも正確かつ完全にえがかれているのを見いだす。㈡絵画の千変万化する色彩によって想像力と感覚とに満足をあたえるばかりでなく、精緻な筆致によって同時に精神と感情とをゆたかにしてくれるような、多様性を見いだす。そして㈢個々の特質がすべて一個の全体とみなされるばかりでなくて、すべてが一個の全体にまとめられるように、いつでも同時にとりあつかわれているのを見いだすからである」。比較人間学は、個々の人間の性格を究明するにとどまらない。それは人間の階級全体の性格、べっして諸国民や諸時代の性格をも探究する。比較人間学は、人間本性のあらゆる相違をその理想性においてはかることをめざしている。つまり、ひとりの個人がけっして適合してはいない人間理想が、いかにして多くの個人によってあらわされるかを研究しようとする。こうした考えは現代の性格学ないし民族心理学を先どりしたもので、ここでもフンボルトの先見の明に舌をまく。それはともかく、こうした比較人間学も人間育成論の応用編となっていることに注意しなければならない。

イェナにて　左からシラー、フンボルト（兄）、フンボルト（弟）、ゲーテ。

ドイツ古典主義の二巨匠

一七九四年二月、フンボルト一家はイェナに転居し、シラーと親交をむすぶ。さらにシラーを介してヴァイマールのゲーテとも交際する。二巨匠とのめぐり会いによって、フンボルトはしだいに第三の古典主義者と世人から目されるようになる。ところでドイツ古典主義は、一七八〇年から一八〇五年までを最盛期とするのが文学史家の定説となっている。一七八〇年にゲーテはラーヴァターに「わが存在のピラミッドをできるだけ高くたかめようとする熱烈な願望をもつが、この願望はそのほかのいっさいを圧倒する」と書いた。じじつ、ゲーテはこの願望をつぎつぎにみたしていった。シラーにおいても同じであるが、惜しくも一八〇五年に死去した。したがって、この期間を古典主義の黄金時代とするのは理由のあることなのである。ドイツ文学史上における彼らの意義、彼らの信頼と協力についてのべることは、わたくしの柄ではない。だいじなことは、フンボルトがイェナ移住によってドイツ古典主義の繚乱《りょうらん》たる開花を目のあたりにみることがで

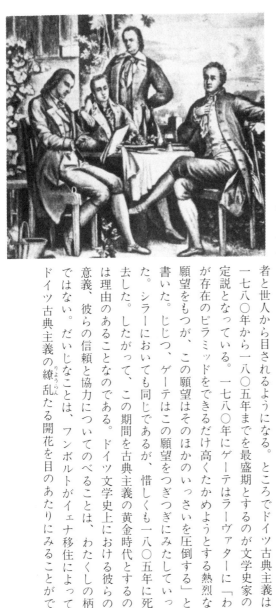

きたことだ。このことが彼の自己育成にどんなに寄与したか、はかりしれない。

古典主義の定義としては「必ずしも一義的言語ではないが、一般的にはギリシア・ローマの芸術を創作の源泉としてその表現形式、観照的態度を規範とする美学または芸術史概念をいい、典雅、洗練、調和、理知、強固、成熟、完全、永遠、静かなる偉大さなどの形式美または古典美を芸術の最高価値基準とする様式方向」（平凡社『哲学辞典』）で十分であろう。古典主義によってフンボルトの古代ギリシア研究は拍車をかけられたのである。

一方的でない影響

フンボルトが古典主義の二巨匠と交わって一方的に感化されたととられやすいけれど、はたしてそうだろうか。フンボルト評伝を書いたベルグラールは、「深さにおいてはゲーテに、ダイナミックな力においてはシラーに、創造力においては両人に遠くおよばなかったが、（フンボルト）はおそらくもっとも強い、たしかにもっとも長い影響をドイツ人の発展におよぼした」とさえいっている。というのは、一八歳年長のゲーテと八歳年長のシラーのほうでも、年少の友をたかく評価していたからだ。たとえば、『シラーとゲーテにかんするフンボルトの発言』（一九六三）を編んだエーバーハルト＝ハウフェによると、ゲーテとシラーは何人かの偉大な友をもったが、なかでフンボルトはもっとも偉大だった。彼の学問上の業績によるばかりではない。いかなる精神的歴史的個性をも完全、純粋、明白にとりいれ、それを固有の法則から理解し、注目すべき仕方でいっそう深く理解する能力によって偉大だった。この偉大さに、寛大と善良、畏敬と献身といった美徳が根ざした。こうした美徳がフンボルトを、天才の作品の理想的な同伴者、忠告者、受けとり人たらしめたのである。

だとすると、フンボルトはたんに一方的に影響をうけたのではなかった。それどころか、ゲーテやシラーはフンボルトに負うところが少なくなかった。シラーについていえば、ずっとのちに『シラーとかれの精神発展の行程』（一八三〇）という長大な美学論においてシラーを顕彰した。「私とシラーとの交際および文通は一七九三年から一七九七年までで、それ以前はたがいにほとんど知らなかった。またそれ以後は、私はたいてい外国にいたし、手紙もめったに書かなかった。まさにあの時期こそはシラーの精神的発展におけるもっとも重要な時期だった」と、懐旧の情をもって述べている。ゲーテについては、『ヘルマンとドロテア』（一七九七）と『第二次ローマ滞在』（一八三〇）の二篇を書いている。ゲーテ、シラーの古典主義を世人に理解させる上で与って力があった。

三人に共通するものは古典ギリシア文化にたいする崇拝である。フンボルトが理論的に述べたことを、ゲーテとシラーは詩や小説で形象化したといってよいだろう。ギリシア研究は若いころからフンボルトにとって自己育成の手段であった。両古典主義者に接触する以前から道はすでにひらかれていたのである。このことを確認するために、フンボルトの古代研究をふりかえってみよう。

フンボルトのギリシア研究　フンボルトはゲッティンゲン大学に在学中、古典学教授ハイネによって古代にたいする関心をよびさまされた。ハイネの弟子でハレ大学の古典学教授F＝アウグスト＝ヴォルフ（一七五九～一八二四）とも知りあった。ヴォルフはハイネより一段とすぐれた古典文献学者で、その『ホメロス研究』は画期的だった。語学の達人フンボルトはたちまちギリシア語をマスターした。そしてヴォルフに専門事項について教えをうけた。『古代研究、とくにギリシア古代の研究について』（一七九三）もヴォルフのすすめで執筆したものだ。古代研究についての処女作なので、ややくわしく見てみよう。

フンボルトはまず古代の遺物——文学と芸術品——の研究が二重の利益、すなわち実質的利益と形式的利益をあたえるとし、形式的利益にも二重の方法を区別する。「第一に、われわれが古代の遺物をそれ自体において、またそれらが属する種族の作品とみなす。第二に、こうした遺物の由来する時期の作品とみなして、その創造者のみに着目する。第一の利益は美的な利益である。それはすこぶる重要ではあるが、唯一の利益ではない。その創造者にかんする古代の遺物の考察から、古代人じしんの、もしくは古代における人間の知識が生じる。ひとつの国民の研究は、歴史が一般に提供するあらゆる利益をあたえる。歴史は行為や事件のもろもろの例をとおして人間知を拡張し、判断力を犀利《さいり》にし、性格を高尚にし、改善するからである。」

「しかしこの研究はそれ以上のことをおこなう。連続する事件の糸をたぐってゆくよりも、むしろ国民の状態や全状況を探究しようとすることで、いわば国民の伝記をもたらすのである。世間では、人間知を人間との交際にしか必要でないとみなすのが常だ。だが哲学的意味では、人間知、すなわち人間一般の、および個々の現実の個人の知識というのは、さまざまな知的な、感情的な、また道徳的な人間的諸力の知識、にほかならない。個々の努力をひとつの全体に、しかもまさしくもっとも高尚な目的、いいかえれば人間のもっとも高い、もっとも調和のとれた完成という目的の統一にあつめるために、こうした知識はとくに必要である」。『国家活動』で見たと同じ句がここでくり返される。

ところで、人間知および人間性の育成という利益をいちばん多くあたえるのが古代の諸国民である。そして「古代国民というとき、私はもっぱらギリシア人を、ギリシア人のもとではしばしばもっぱらアテネ人をよぶ。ギリシア人の遺物は、その創造者のたいていの痕跡をとどめている。もっともいちじるしいのは文学上の遺物である。それらのうちでは、まず言語が注意をひく。いかなる民族も、ギリシア人に独自であったほど、ゆたかな想像力を、譬喩《ひゆ》的表現をつくるにあたって容易に所有する民族はいない」。歴史、詩、および哲学は精神的産物そのものであるが、歴史は大部分ギリシアの歴史である。こうしてギリシア人において歴史無比の現象があらわれる。彼らがなお開始する国民の粗野状態の多くの痕跡をとどめていたとき、すでに自然および芸術のあらゆる美にたいするいちじるしい敏感さ、洗練された如才なさ、感覚のりっぱな趣味を所有していた。「ギリシア人の心中では、肉体の美と精神の美とが融けあっていたため、現在でもなおあの融合の所産、たとえばプラトンにおける愛にかんする議論はほんとうに魅力ある満足をあたえる。肉体および精神の育成にたいする慎重さは、ギリシアにおいては、たいそうすぐれて美の理念によってみちびかれていた。上述した一切のことから、人間をできるだけ多方面に、しかも統一的に育成しようとするギリシア人の偉大な傾向は、否認しがたい」。

それからフンボルトはギリシアの政治制度、宗教、国民的自負、研究の補助手段である批判と解釈と翻訳などをくわしく述べたあと、古代研究の利益をこう推賞する。「前述した利益をあますところなく生じるためには、古代研究はもっとも偉大な、もっとも該博な、そしてもっとも正確な学識を要するのであって、そういう学識は、もとより二、三の人にしか見いだせない。しかしこの利益は、ともあれこのような研究をやってさえいれば、たとえ少なくてもつねに存するのである。かような利益は、この研究にまったく無関係な人びとにすらわかたれるだろう。なぜなら、高い文明社会との結合中でこそ、もっとも正確な意味において、個人のあの知識は万人の財産とよばれうるからである」。

ギリシア最大の抒情詩人ピンダロスに見いだすのも、やはりギリシア精神である。『ピンダロス論』（一七九五）でいう。「ピンダロスの個人的性格も、神々や英雄の先ぶれにふさわしい。魂の偉大と徳にたいする深い畏敬の念、高貴な誇りとむすばれた自己尊敬の意識、さいごにはもろもろの感覚を自由自在に吐露する優しく明朗な快活、これらがピンダロスの詩がしめす特徴である」。そうした偉大さは、いささかも近代的意味のものではない。志向とか個々の行為の偉大さではない。「かえって実存の生活の、およそ生一般の偉大さにほかならない。そこにみられるのは、高貴な活動や享受の、外部の名声と内的偉大さとの平衡である。」ピンダロスはまさしくギリシア精神の体現者だった。

ギリシア的なものとドイツ的なものの結合

フンボルトの政治論が人間論であったように、古代研究もひっきょう人間探究以外のものではない。古代国民わけてもギリシア人において人間性がもっとも純粋に完成されている。いってみれば人類のちからが圧縮された理想的な民族である。全人性の理想をあらわした無比の民族であるからには、これを研究し、研究をとおしてギリシア的人間性をえようとつとめなければならない。ゲーテやシラーのギリシア観とも通じる。彼らに邂逅《かいこう》する以前にすでに、古典主義者になる素地はできていたわけだ。

したがってフンボルトをゲーテ、シラーにつぐ第三の古典主義者とみなすのは正しい。けれどもそれだけでは十分でない。ドイツ新人文主義の形成者というもうひとつの面を看過してはならない。あらためていうまでもなく、人文主義（ヒューマニズム）とは一般にはギリシア・ローマの古典研究を意味する。しかしラテン語の「フマニタース」すなわち「人間性」から由来することでわかるように、ギリシア・ローマの古典にあらわれた人間的な自由な精神を学ぶことによって、近代人の形成に役だてようとした。この意味ではヒューマニズムは人間主義といってもよい。とうぜんそこには人間尊重とか中世社会や中世思想からの人間解放が謳われる。H＝リューディガーは『人文主義の本質と変遷』（一九三七）において、フランチェスコ＝ペトラルカ（一三〇四～七四）をもってイタリアの人文主義を、ウルリヒ＝フォン＝フッテン（一四八八～一五二三）をもってドイツの人文主義を、デシデリウス＝エラスムス（一四六五～一五三六）をもってヨーロッパの人文主義を、そしてフンボルトをもって新人文主義の創始者とみなしている。「新」という語を冠したのは、イタリア＝ルネサンス時代におこった人文主義を継承しながらも、人間の調和的発展というあたらしい内容をもりこんだからだ。

このあたらしい内容は、カントにはじまるドイツ観念論で理論づけられた。たとえば自然と精神、現象とイデー、必然性と自由、思考と感情との対立あるいは宥和といったことは、ペトラルカ流儀の人文主義があずかり知らぬことであって、ドイツ観念論がはじめてそうした問題提起をおこなった。それだけにフンボルトの新人文主義には、それまでの人文主義には見られない哲学的深さがある。フンボルトは古典主義に加えて、こうした新人文主義と人文主義的教養理念を完成させたのであった。もっとも、ヴィンケルマン（一七一七～六八）がその下準備をしていたけれど。

古典主義の定義のひとつに「静かな偉大」があった。じつはこの定義、ヴィンケルマンの『ギリシア芸術模倣論』(一七五五)に初出する。「ギリシア芸術の傑作の一般的特徴は、高貴な単純と静かな偉大である。海面はどんなに荒れ狂っていようと、その底はつねに静かなのと同じように、ギリシア人の姿態の表現は、たとえ苦難におそわれていようと、気高く、つねに淡々とした魂をしめす」。ヴィンケルマンはイタリアに研究旅行をして『古代芸術史』(一七六四〜六六)をあらわし、ヘルダー(一七四四〜一八〇三)や若いゲーテを感動させた。ドイツ古典主義の先駆者であると同時に、新人文主義に先鞭をつけた。ヴィンケルマンにはじまるギリシア崇拝は、ヘルダー、ゲーテ、シラーをへてフンボルトへつらなってゆく。

フンボルトはギリシア崇拝においてどんな席をしめるか。文学史家ヴァルター゠レームの『ギリシア精神とゲーテ時代——ひとつの信仰の歴史』(第三版、一九五二)における総括はこうである。ドイツの精神生活には、ギリシア古代を考察することなしには、自己の生を形成して真にドイツ的な人間性に到達することは不可能だ、という信念がますます強くなる。ヴィンケルマンは、真実の人間形成という考えをギリシア精神にむすびつけることをはじめた。彼の遺産をついだ人びとがおこなったことは、ギリシア精神と人間性の感情との、古代と近代との、ギリシア的なものとドイツ的なものとの結合を、もっと緊密にすることだった。ヘルダー、シラー、ゲーテはそういうことをした。そしてフンボルトこそは、ヴァイマールの仲間との密接な共同社会のなかで、ギリシア精神へのドイツの信仰、ギリシア精神のなかで保管された、人間を気だかくする価値を、体系化した人であった。と同時に、ギリシア精神を体してつくられてゆく古典文学と、この文学においてつくられる古典古代学との、仲介者でもあった。こうして力強い育成（教養）＝信仰の統一がドイツの精神生活の内部におこった。フンボルトはこうかんがえた。古代人は生きた国民のように、現代にはたらきかけている、と。かれはヴァイマール＝イェナの仲間では創造者ではなくて考察者として、ギリシア精神にたいするドイツ古典文学の接近を評価したのだった。

ドイツ精神はみずからを形づくるためには是が非でもギリシア古代に学ばなければならない。古代と近代、ギリシア的なものとドイツ的なものとの固い結合ということに理論的基礎をあたえたのがフンボルトにほかならない。一七九九年八月にヴォルフに書いている。「古代人および近代人の特性を唯一の結合にもたらすこと、それをドイツ的性格の窮極目的とよぶことができるでしょう。もしくはむしろ、われわれの国民的性格の真に理想的な純化が肝要であるような、そういう各人が共働すべくつとめねばならぬもの、とよぶことができるでしょう」。

理想化されたギリシア像

だが、ここまできて読者には、フンボルトをもふくめて古典主義者たちのギリシア像があまりにも理想化されていないか、という疑問を禁じえないであろう。ギリシア人とギリシア文化を歴史的にしらべたあげくの結論なら、納得もしよう。しかしそうではなくて、あたまごなしにギリシア人を理想民族とし、これを崇拝しているのだから、信仰ではありえても研究ではない。もっともな疑問だ。じっさい、その後の古典文献学者は、そうした信仰に疑念を抱いた。たとえば、ニーチェである。周知のようにニーチェは、青年期の傑作『悲劇の誕生』(一八七二)において、芸術がアポロ(光明とか理知の神)的なものとディオニュソス(酒とか陶酔の神)的なものとの二重性によって進展する、とした。ギリシア文化には、造形家の芸術であるアポロ的芸術と、音楽という非造形的芸術であるディオニュソス的芸術とのあいだに巨大な対立がある。ふたつの衝動は、性格が異なっていながら平行してすすみ、たがいに刺激しあって、つねにあたらしい力強い作品の出産にはげむ、というわけである。したがってヴィンケルマンのように、ギリシア文化をたんに「静かな偉大」あるいは明朗な合理性とかんがえるのは、一面的のそしりをまぬがれない。そういう明るさの奥底にはくらい衝動、ペシミズムが脈うっている。そうした矛盾した性格をもつからこそ、ギリシア人は魅力をもつのである。このようにしてニーチェは『生成の無垢《むく》』において、フンボルトを非難する。彼のギリシア像は偽り、見せかけ、つくりものにすぎない、と。

いわれてみればそうである。ペトラルカの人文主義には、古典研究ばかりでなくて、イタリア人が古代ローマ人の末裔《まつえい》だという国民感情が生きていたろう。だがドイツ古典主義者には、ギリシア人やローマ人となんらの血縁関係もない。あかの他人なのである。そういう点では古代民族は非現実的だ。しかし非現実的だからこそ、理想的民族たりうるのであって、理想的民族である以上は模倣すべきだといった逆説もまた真ではないか。もともと古典主義者たちはギリシアの学問的研究を至上目的としたのではあるまい。そんなものは第二義的だ。かんじんなのは信仰だ。信仰があのような古典文学——国民文学でありながら、国民文学の域をこえた普遍的な世界文学を生みだしたのである。

とはいえ、若いフンボルトはギリシア人における普遍人間性の理想にとりつかれ、まだ個体としての民族、いいかえれば現実の民族というものに対面していない。対面した暁、彼の新人文主義に転換がおこるだろうか。転換はおこる。が、もっと先のことだ。そこでフンボルトにそうした転換をとげさせる機縁となる遍歴と自己育成の完成を、跡づけることにしよう。

パリ移住

一七九五年七月にフンボルト一家はベルリンにもどり、翌年までテーゲルに滞在する。母マリー＝エリザベートが長らく病床にふしていたからである。父の外向的な気質をうけた弟に反して、ヴィルヘルムは母の内向的な気質をうけ、そのためにかえって母とはシックリしなかったようである。のちに彼は再三、冷やかだった幼少時代の母のことをなげいている。そんな具合だから、ベルリンでの生活は索漠《さくばく》としていた。一七九六年秋には北ドイツ（リューゲン、ホルシュタイン、ハンブルクなど）を旅し、あたらしい風物と人を知った。一一月にはイェナに帰る。この年の一一月一四日にとうとう母がなくなった。それでも母はフンボルト兄弟に相当額の遺産をのこした。それでアレクサンダーは、世界的名声をかちえることになるアメリカ探検旅行の準備に

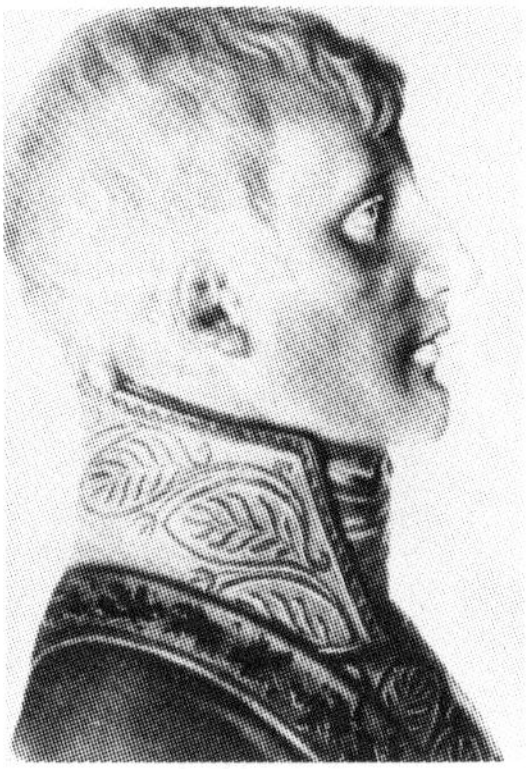
ナポレオン

とりかかる。彼はこれで世界的名声を博することになる。他方、ヴィルヘルムもいまは心おきなく旅にでることができる。

一七九七年六月から八月までドレスデン、秋にはヴィーンにゆく。一一月に一家は永久にイェナを去る。つぎは多年らいの念願であるイタリア行きである。だが当時、ナポレオンが台頭し、北イタリアはフランス軍に占領されていた。妻、三人の子、アレクサンダーたちとイタリアに旅することは危険だ。やむなくパリ行きに計画をかえ、一七九七年一一月一八日パリについた。これから四年近くをパリでくらすことになる。一七九七年末というと、ロベスピエール（一七五八〜九四）が処刑されて恐怖政治が終わったあと、総裁政府がつくられていた。とはいうものの政情は不安定で、そのなかからナポレオンが台頭したのである。

フンボルト家はドイツやフランス知識人のサロンになる。めぼしいフランス人を二、三あげよう。シェイエス（一七四八〜一八三六）、スタール夫人（一七六六〜一八一七）、ダヴィッド（一七四八〜一八二五）などだ。シェイエスはフランス革命勃発直前に『第三身分とは何か』を書いて一躍名をあげた。革命を生きぬき、総裁政府の総裁にまでなった。ナポレオンと手をくんで統領政府をたて、ナポレオンのもとで第二統領となった。だから革命の経過には、たなごころをさすように明るい。フンボルトはこのシェイエスから情報を手にいれる。スタール夫人はフランス＝ロマン主義の先駆者といわれる閨秀《けいしゅう》作家で、その自由主義思想のゆえにナポレオンから追放され、各国を転々とした。のちに『ドイツ論』（一八一三）でドイツ文化を紹介した。フンボルトとの交際でゲーテやシラーにかんする情報をえた。ダヴィッドは新古典派の画家だ。革命家の肖像画をたくさんえがいたが、ナポレオン一世の宮廷画家となって『戴冠式』などをえがいた。ルーヴル美術館を観覧する人はこの絵のまえに息をのむ思いをする。

ナポレオンにも二回、出あっている。一七九七年一二月二六日の日記にフンボルトはナポレオンの風貌をしるしている。「彼の人相の全体はなんら偉大なものをもたない。道徳的より知的な特徴がある。平静で、余裕しゃくしゃくだ。自由で鋭敏。まるでじぶんが抜群であるかのように真摯だ。しかし顔をうごかすときには、しばしば固い鋭い表情になる」。よもや一〇数年後にこの男を最大の敵としてたたかうことになろうとは、フンボルトは夢にもおもわなかっただろう。

ともあれこうしたフランスの政界、文壇、画壇の知名人と交際して、ドイツ、フランス両民族の民族性を知ることができた。ただ、多くのドイツ人はフランスびいきだったのに、パリ時代のフンボルトはぞっこんほれこむ気にはなれなかったらしい。フランスの民族性を知るにつれて、彼はドイツの民族性を故国にいたときよりも強く意識するようになった。「フランスで私は以前よりもずっと根っからのドイツ人となりました」（ヤコービ宛て、一七九八年一〇月二六日）。じしんの仕事としては、美学論的試論第一部（第二部は未完）として『ゲーテのヘルマンとドロテアについて』を書き、一七九九年に出版した。この堂々とした論文の原稿にたいして、シラーは一七九八年六月に、ゲーテは七月に、それぞれフンボルトにあてて読後感をのべている。

スペイン旅行

イタリア行きは見込みがなかったため、パリ滞在中にフンボルトは二回のスペイン旅行をくわだてる。第一回は一七九九年九月八日から一八〇〇年四月一八日まで。例のごとく日記に克明にしるす。ピレネー山脈をこえてバスク地方にはいり、南下してマドリード、エスコリアル、トレド、コルドバ、グラナダ、セビリア、バレンシア、バルセロナをまわった。道路が極端にわるいスペインの旅はつらかった。長女カロリーネ（七歳）、長男ヴィルヘルム（五歳）、次男テオドール（二歳）のおさな子をつれ、おまけに妻は身重だった（旅を終えてパリに帰って間もなく次女アーデルハイトを生む）。この第一回スペイン旅行でフンボルトは、スペインの制度、風俗、習慣を観察し、いままでの観念的性向から脱皮するチャンスをつかんだ。とりわけバスク地方にしばらく足をとめた折、バスク語という難解な言語にぶつかり、異常なまでに興味をそそられた。「バスクは少なくともヨーロッパにおいて、ほんらいの原語を保っているただひとつの国です。この原語はほかの近代の原語よりも古い」（シラー宛て、一七九九年四月二六日書簡）。パリにもどると、さっそくバスク語の文献をあさって熱心に研究した。

二回めは、一八〇一年四月一九日から一八〇一年六月一四日までの二か月。単身でゆく。こんどはバスク語の研究を主目的にして、かたわらバスク人の万般にわたって調査した。バスクはスペイン北部の、スペインとフランスにまたがる狭小な地方だ。中世にムーア人の支配をうけず、近世にはいってからナバーラやカスティリャ王国に属しながらも実質的には自治を保っていた。今日でも時折独立さわぎをおこして新聞だねになる。フンボルトのバスク語の研究は、一八二一年に『バスク語を媒介とするスペイン原住民の調査研究』として出版される。

旅行の意義　パリ・スペイン旅行は気まぐれのようにおもわれるかもしれない。しかし三つの点できわめて重大な意義がある。第一は、諸民族の民族性やその相違を知ることができたことだ。普遍的人間性だの人類だのといった漠然とした考えでなくて、目のまえにいる人間を、彼らの生活のなかで観察できた。

第二は、将来の言語研究の礎石をおいたことだ。従来も言語というものに特別の関心をもってはいた。すでに『比較人間学の構想』で、比較人間学はもっとも端的に言語にあらわれる、とのべていた。いまバスク語の研究で民族性と言語との相関関係、つまり言語がいかに民族精神と深いつながりをもつかを認識するようになった。言語は個人の創造物であると同時に国民の創造物である。彼らの精神は言語にあらわれる。だから諸国民の精神が個性的で他と異なるように、言語もちがう。

言語は人間に、それの個性に対立する世界を媒介する。こうしたことが後年にフンボルトの言語哲学に集約されるのである。マドリードからヴォルフに手紙を書いている。「多くの言語の根本的な、哲学的に考察した比較が仕事になるでしょう」（一七九九年一二月二〇日）。ゲーテにも書いている。「一五、一六世紀におけるこれらの文学（フランス、スペイン、バスク）のさまざまな精神を比較することが特別の目的でした」（一七九九年一一月二八日）。

第三は、スペイン旅行をふくめたパリ時代が、フンボルトにあたらしい人生の門出となったことだ。ベルグラールのつぎの指摘は重要である。すなわち、四年間というもの、彼はドイツから、ヴァイマール＝イェナの世界から離れていた。偉大な友の近くから、半ば意識的に、半ば本能的に解放された。いまや独立独歩し、ふるさとにいる者よりも広い地平線を見るようになった、と。ゲーテやシラーとの交友は、むろん一方的ではなかった。しかし世間的な名声でも人間的成熟でも、フンボルトは両巨匠の比でなかった。いまフンボルトはヴァイマール＝イェナの交友圏から去り、じしんの道を歩む。一八〇一年夏に一家はドイツに帰った。待ちうけていたのは、思いがけないプロイセンのローマ教皇庁公使職であった。この職が宿望のイタリア行きを果たさせる。これで長かった彷徨は終わりをつげることになった。フンボルトはもう三五歳、青春はとっくにすぎ去っていた。

Ⅳ　プロイセン改革をになう

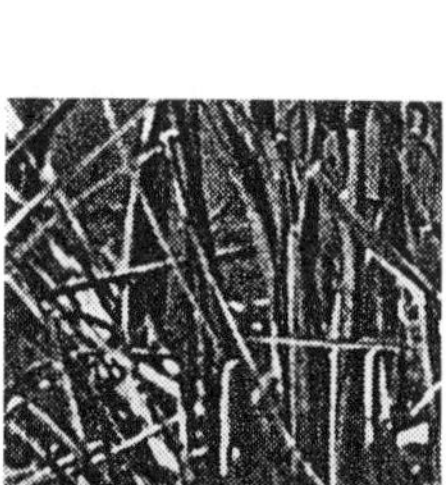

ローマ公使として

ローマ教皇庁の公使となる　一八〇一年八月、フンボルト一家はドイツに帰る。エルフルト、ベルクエルナーのみじかい滞在ののちベルリンにつき、テーゲル館に旅装をといた。古典主義は盛りをすぎてロマン主義へうつりつつあり、フンボルトは疎外感を味わう。バスク語の研究でうさをはらすほかかない。折から、プロイセンのローマ教皇庁公使の席があいた。宮廷でフンボルトの名はかねてから知られていたし、外務大臣ハウクヴィッツや、かつての家庭教師クントの推薦もあって、フリードリヒ＝ヴィルヘルム三世はフンボルトを後釜にきめた（一八〇二年五月一五日）。一七九七年の夏、イタリアへゆく計画を余儀なく変更したフンボルトにしてみれば、願ってもないことだ。それに、家族がだんだんふえてきた。パリやスペイン旅行で出費がかさんだ。家計が心ぼそくなり、安定した収入をえたい、そんな動機もむろんあったろう。だから、青年時における「国家からの離反」がにわかに「国家への転回」になったわけではない。第一、ローマ教皇庁公使なんて、外交席次ではたいしたものでなかった。永遠の都ローマで、存分に古代とバスク語の研究をするのが、魂胆なのである。

こうして一八〇二年九月はじめ、フンボルト夫妻は五人の子（次女アーデルハイトのあとに三女ガブリエレが一八〇二年五月に生まれていた）をつれてテーゲルを出発し、ローマに向かう。途中、ヴァイマールに立ちよってシラーに会う。これがこの世におけるさいごの面会になろうとは、思いもしなかった。ミラノ、フィレンツェをへて、一八〇二年一一月二五日に、ポポロ門をくぐってローマにはいる。住居ははじめヴィラ＝ディ＝マルタに、のちにスペイン広場付近のパラッツォ＝トマティにさだめた。

フリードリヒ＝ヴィルヘルム三世

ローマ生活の内と外

ローマ公使として在職した七年間のおもな出来事だけ、走り書きしよう。プロイセン政府とローマ教皇庁とのあいだには、かくべつの懸案事項はなかった。一七九八年にフランス軍がローマを占領し、教皇ピウス六世（在位一七七五～九九）はフランスに捕われの身だった。したがって、教皇不在の教皇庁と適当につき合っておればよかった。

彼のゆたかな教養と世なれた物腰は教皇庁でも好評をはくした。カトリックの総本山で一プロテスタントがこれほど評判がよかった例はない、とすらいわれた。フンボルト家は千客万来である。当時、ドイツの歴史家ニーブール（一七七六～一八三一）や言

オリノコ原始林のアレクサンダー（右）

語学者ブンゼン（一七九一～一八六〇）がローマに派遣されていた。ニーブールはローマ史の研究で画期的業績をあげた。のちに同じように教皇庁駐在のプロイセン公使となった。ブンゼンも代理公使となった。いずれ劣らずローマ通だから、さぞかし議論の花がさいたことだろう。アメリカ探検旅行から帰ったアレクサンダーも逗留《とうりゅう》した。ドイツ＝ロマン主義者アウグスト＝ヴィルヘルム＝シュレーゲル（一七六七～一八四五、フリードリヒの兄）やルードヴィヒ＝ティーク（一七七三～一八五三）もきた。

ドイツ人だけではない。旧知のスタール夫人も、彼女とならんでフランス＝ロマン主義の先駆者とされるシャトーブリアン（一七六八～一八四八）も。それに加えてカロリーネはホステスに打ってつけだった。こういう具合でローマ時代ははなやいだ毎日だった。なによりも古代研究や言語研究がはかどるのがありがたい。バスク旅行記も完成できよう。「私はローマとイタリアを愛する。もし勤めがいやになるなら、する必要はない」

と、いっときドイツに帰ったカロリーネに宛てて書いている（一八〇四年九月五日）。ローマ時代はフンボルトの自己育成の継続期である。いや、ハイムがいうように、自己育成の完成期である。

古代研究の成果

古代研究では、アイスキュロスの翻訳の仕上げのほか、哀歌『ローマ』の詩作（一八〇六）、『ローマとギリシア、別題、古典的古代の考察』（一八〇六）、『ギリシア自由国家の衰退没落史』（一八〇七〜〇八）の力篇がある。一七九三年の『古代、とくにギリシア古代の研究について』には青年の血気が感じられたのに、『ローマとギリシア』には壮年期の落ちつきがみられる。一〇余年の研究と人生経験のたまものであろう。たとえばつぎのようだ。

「およそ古代を享受するには四通りの方法がある。すなわち、古代作家を読むこと、古代芸術品を観照すること、古代史を研究すること、古典的土地に暮らすこと。これら種々の享受はすべて、ただ程度は異なるが大体において同一の印象をあたえる。そしてこの印象の特色はつぎの点にある。あらゆる他の問題はつねに個々の仕事に役だつにすぎないけれど、古代は帰る度ごとにだれしも喜びを禁じえない良き故郷のようにおもわれる。古代に没頭すると、研究がこれでおしまいということがなく、享受に飽きがこない。このような印象を生じる古代人ととり扱いかたの独特な点は、もっとも個性的もっとも単純な作用における人間本性をして理想的なものを暗示させることである。ギリシア精神の本質的な性格は、あるべき状態の人間個性の形式をあらわすところにある。ギリシア精神においては、醇化された個性の形式をつぎの諸契機に見いだす。㈠ギリシア精神において、いっさいは運動であり、永遠に湧きでる生命であり、彼にとっては、努力してえたものよりも努力することがかんじんである。㈡こうした努力はつねに理想的精神的な性質のものである。㈢ギリシア精神には、対象の純自然的な性格を現実界でとらえることが特有である。㈣そうした性格をつくるにあたっては、理想的にとり扱うことが特有である。㈤ギリシア精神はある素材をえらぶにあたって、つねに、できるだけあらゆる精神的存在の窮極点つまり天や地や神々や人間を総括し、運命という観念のなかで、あたかも要石のなかでするようにアーチをかける」。一見、抽象論のようだが、芸術、詩、宗教、風俗、習慣、公的および私的性格と歴史において、いちいち例証しているのである。

言語論の導入

これまでの古代研究にはなくて、この論文ではじめてこころみられたのは言語論導入である。「言語を補助手段として使用しなければ、国民の特質にかんするいかなる試みもむだであろう。というのは、言語のうちにのみ全性格が刻印され、民族の一般的了解手段としての言語のなかで、個々の個性は一般者があらわれるとともに滅びるから。じっさい、個人の性格というものは血統と言語という二つの手段によってのみ、民族性へうつるのである。また言語は、性格を把握するための重宝な取っ手であり、事実とイデーとのあいだにある。言語は多数の国民を比較するための手段であるのみならず、一国民が他国民におよぼした影響を跡づける手がかりをもあたえる。したがって、われわれはここでまずさしあたりギリシア語の特質を研究し、それがどの点までギリシア人の性格を規定したか、もしくはギリシア人の性格がどれくらいギリシア語のなかで明瞭に刻印されたか、を説明しなければならない。」

長男の死とシラーの死

ローマ時代は楽しいことずくめでなかった。まず、長男ヴィルヘルムが死去した（一八〇三年八月一五日、九歳。なお、一八〇七年には三男グスターフもわずか二歳で死んだ）。次男テオドールも病弱だった。それでカロリーネは療養のために長女とテオドールをつれて実父のいるエルフルトに帰る（一八〇四年春）。カロリーネに宛てた手紙（一八〇四年五月一日）でフンボルトはめんめんと心情をうったえている。「さいきん、ヴィルヘルムの夢をみました。夢でありありとヴィルヘルムのことをおもいだしました。ヴィルヘルムはベッドに死んで横たわっていました。しかし限りなくやさしく目を動かしていた。わたしはこう永久にくり返さねばならない。子はわたしの心のなかで深く深く成長した。それでヴィルヘルムについてわたしが知っている全部を、半夜のあいだおもいおこします」。長男は彼がもっとも寵愛した子だったのである。

しかしヴィルヘルムの死にまして衝撃をあたえたのは、シラーの死だった（一八〇五年五月九日、四六歳）。フンボルトとシラーはカント哲学研究で共鳴し、古典主義の確立では一枚岩のようだった。フンボルトがどんなに多くをシラーに負うたことか。断腸のおもいでゲーテに書く（六月六日）。「シラーの訃報ほど私につよいショックをあたえたものはありません。共同生活の長い歳月をつうじて、思想や感情が緊密にまじり合っていた友をうしなったのです。私はいま、私たちが過ぐる年くらしていた分離を、疎隔を、なおいっそう怖ろしく感じます。長男ヴィルヘルムの死について、シラーは一八〇三年一〇月に手紙をくれましたが、私の苦しみにひどく心を動かされたようでした。私はいましきりにおもうのですが、シラーは生涯のさいごの数年をここローマで送るべきではなかったでしょうか。ローマは彼にきっと大きな印象をあたえたでしょうに。どんなにあなたがさびしいおもいをしておられるか。けれども、あなたが羨しい。なぜと申しますのに、あなたはシラーのさいごの数日間のことばのひびきを回想することができるのに、私には彼は影みたいに逃げ去ってしまいましたから。親愛なるゲーテよ、あなたはいまこそこんどの冬をイタリアで過すべきです。シラーが生きていたころは、真剣にあなたをお招きしようなどとはおもわなかったのですが。あなたはしばらくの間、美しい国や、あなたにとってたいへん値打ちのある環境をたずねるべきです。イタリアの温和な風土は、あなたのためになるにちがいありません。ぜひそうなさい。」

ヴィルヘルムについでシラーの死に会い、フンボルトのローマ時代末期にはくらい影がしのびよる。哀歌『ローマ』はそうしたメランコリックな気分の所産だ。しかしこれらの出来事は一身上のことにすぎない。祖国プロイセンが危急存亡の淵にたっていたのにくらべれば、たんなるわたくし事である。では、祖国はどんな危機におかれていたか。

プロイセンの情勢

フランス革命を収束したナポレオンは、一八〇四年に皇帝となった。彼の征服によってヨーロッパ諸国には革命思想が伝播して、自由主義運動がおこる基盤をつくった。が、他方でヨーロッパを戦争の渦中に投じた。すでに革命中、プロイセンはオーストリアと手をくんで革命政府に宣戦した（一七九二）。一七九四年四月にプロイセンはフランスと和をむすび、オーストリアとの共同戦線から離脱した。ナポレオンは政権をにぎると、稀代の将才をもってオーストリア軍をやぶる。一八〇二年にイギリスと和をむすび、第二回対仏大同盟を解体させた。いっとき平和が回復する。このあいだ、プロイセンは中立を維持していた。しかし一八〇五年に第三回対仏大同盟が成立する。ナポレオンはトラファルガーの海戦でイギリスにやぶれた（一八〇五年一〇月）ものの、大陸戦では赫々《かくかく》たる勝利をおさめる。オーストリア＝ロシア両皇帝軍をアウステルリッツで粉砕し、西南ドイツ諸国を統合してライン連邦を組織し、ついにオットー一世いらいの神聖ローマ帝国は史上からすがたを消した。

中立を持していたプロイセンは、ロシアとくんでついにフランスに宣戦する（一八〇六年一〇月。ヴァイマール公国のカール＝アウグストはプロイセンに味方したため、ヴァイマールはフランス軍の掠奪をうけ、ゲーテも危うく難をのがれた。なお、ゲーテがナポレオンに会見するのは一八〇八年一〇月の二日、六日、一〇日の三回だ)。フリードリヒ＝ヴィルヘルム三世の優柔不断に加えて、プロイセン陸軍もすっかり老朽している。同盟国といえばヴァイマール公国その他の小国である。頼みの綱ロシアは、はるか東にいて役にたたない。こんなプロイセンをフランス軍がたおすのに手間はかからなかった。プロイセンはイェナとアウエルシュタットの戦い（一八〇六年一〇月）で無惨な敗北を喫した。

ティルジットの屈辱的和約

数週のうちに全土は占領され、王は一族とケーニヒスベルクにのがれる。ナポレオンは威風堂々ベルリンに入城し、ここで有名な大陸封鎖令を発する（同年一一月）。翌一八〇七年七月にプロイセンはナポレオンと和をむすぶ。プロイセン領ポーランドにワルシャワ公国がつくられ、エルベ＝ライン河間にヴェストファーレン王国ができてライン連邦に加盟する。このようにプロイセン領は分断され、人口も半分以下にへり、軍隊は四万二〇〇〇に制限される。惨憺《さんたん》たる結果だ。フリードリヒ大王のときにはドイツの希望の星とみえたプロイセンにしてこのていたらくである。他の小国は推してしるべきであろう。ナポレオンの鼻息をうかがって右往左往するばかりだ。

祖国の実情がこうだとすれば、プロイセンの禄をはみながら、ローマで社交や研究にふけっているフンボルトは忘恩の徒ではなかろうか。だが、彼は公使職を怠っていたわけでも、祖国の情勢

ケーニヒスベルク

に知らん顔をしていたわけでもない。ただ、性来、権力への執着心がない。そもそも権力は野蛮なものだとおもっている。シラーは一八〇五年四月にフンボルトに宛てて、「あなたがドイツ的なものの感じかたや考えかたをやめるには、ドイツ精神はあまりにも深くあなたに根をおろしている」と書いた。けれどもこのドイツ精神は、ナショナルなものではなくて、普遍人間性と表裏一体をなす。新人文主義は、人類のかがみとしてのギリシア人にドイツ人をたかめることをめざしている。こうした気持ちはローマ時代においても変わらない。祖国が危機におちいったからといって、心機一転して愛国者ぶるのはかえって不自然であろう。

世界市民主義者、人間育成論者、古典の美酒に酔うエピキュリアンにとどまったかもしれない、もし運命の手が彼を祖国につれもどさなかったら。ところが一八〇八年の末に、プロイセンの興亡にかかわる事件がおこる。フンボルトはプロイセン改革の一翼をになうべき使命をおびることになったのである。

マイネッケとリッターの評価

ドイツの興起について、今世紀最大の歴史家フリードリヒ＝マイネッケ（一八六二〜一九五四）はこうのべる（『ドイツの興起の時代　一七九五〜一八一五』一九〇六、新版一九五七）。ドイツは帝国憲法の崩壊と一八〇六年におけるプロイセン国家の災難のあと、三〇〇年むかしのイタリアと似た情勢にあった。人類のためにまさに不滅の業績をはたした才気あふれるイタリア国民は、三〇〇年まえに政治的独立をうばわれ、外国の権力者の餌食となる悲運に見まわれた。レオナルド＝ダ＝ヴィンチ（一四五二〜一五一九）、ラファエロ（一四八三〜一五二〇）、ミケランジェロ（一四七五〜一五六四）につづいた世代は、すでに低い水準に落ちこんだ。この世代の形式的な能力は依然としてかなりよかった。しかし人間を見るレオナルドの目はとじてしまった。フィレンツェのメディチ家は世襲国をうることはできた。だがコシモ＝デ＝メディチ（一三八九〜一四六四）やロレンツォ＝マニフィコ（一四四八〜九二）の忘れがたいすがたはもはや見られない。同じようにドイツも、ゲーテやカントによって達せられた精神的高みにはいなかった。じしんの内面性の中心とともに、みずからを世界＝自然＝人間存在の中心へおくことができた天才性、自我と世界との分裂を克服して一切＝一者の調和へ溶かし、そこからすべての内的外的生涯をあらたに照らしだしたあの天才性は、だんだん衰えた。自我と世界、文化と自然はふたたびひき離された。生のそれぞれの活動は特別な道を歩み、無数の水路に分散する。ゲーテが生きていた、あるいは一五世紀のフィレンツェ人が生きていた精神世界へ目を向けるならば、人はおそらく要求と苦悩とに同時にとりつかれるだろう。しかしわれわれはもう一度、高みへのぼりたいとおもう。そこへ達するには、過去をふり返ってみることが裨益《ひえき》する。その過去とは、ドイツ精神生活の維持が、一八〇七年から一八一五年までの大いなる事件、すなわち外国支配からのドイツの解放とか強力な国家の国民的改造と内的連関をもっていた時代である。

マイネッケとドイツ政治史学の双璧をなすゲルハルト＝リッター（一八八八〜一九六七）も、浩《こう》瀚《かん》な『シュタイン伝』（一九三一、改訂版一九五八）の序言でこう述べる。本書において報告されるドイツの興起の時代は、その影響において、ドイツ政治史のまる一世紀を規定したが、ドイツ精神生活の全一世紀をも規定した。それはドイツ民族にとって無比の体験であった。一世代のうちに外国の精神財への依存から上昇して、ヨーロッパの指導的文化国民の役割を演じさせ、同じヨーロッパの援助で外国支配による政治的隷属から興こってあたらしい統一、政治的運命共同体の明白な意識をもち、それまでは知られなかった国民的な誇りを感じさせた。政治的要求と国民的顕揚欲と倫理的＝宗教的確信とのおどろくべき一致――それによって解放戦争はおこなわれたのだが――は、一世紀をつうじてドイツ人の意識のなかで光明にみたされ、その闘争者や指導者を光りかがやいてとり巻いた。ドイツの歴史叙述はこうしたものでいとも強くひきつけられてきたのである。

このように両歴史家は、「ドイツの興起」の歴史的意義をたかく評価している。この小著においては、ドイツの興起をもたらしたプロイセン改革について、ほんの一端しか述べることができないのを遺憾とする。ただ、マイネッケもリッターも、プロイセン改革者のなかでシュタインおよびハルデンベルクとともにフンボルトを第三位においたことは、注目してよいであろう。

教育改革の実践

プロイセン改革

ティルジットの屈辱的和約で悲境におちいったプロイセンには、内政改革が焦眉の急だった。なぜなら、プロイセンの支配機構は時代おくれになっていて、そのことが制度上の無力の因となったからだ。したがってまず内政の改革なくしてはプロイセンは復興しえないこと、伝統的な機構を変えて国民に活をいれねばならぬことが認識された。首相シュタインと、シュタインの改革事業をついだハルデンベルク（一七五〇～一八二二）がこの難局に立ちむかう。改革は多方面におよんだ。一八〇七年一〇月に発布された「十月条例」で、一六世紀以降に封建的土地貴族がつくったグーツヘルシャフト（エルベ河以東の封建的大農場経営）を廃止するとか、土地売買の自由をみとめるとか、行政機構をあらためるとか、一八〇八年一一月の「都市条例」によって都市行政にたいする国家の監督とギルド的束縛をとりのぞくとか。「上からの改革」にはちがいないが、資本主義経済に道をひらき、都市の自治制民主制を前進させたことは疑いない。

他方、敗戦とフランス革命軍との教訓から、シャルンホルスト（一七五五～一八一三）やグナイ

シャルンホルスト

ゼナウ（一七六〇～一八三一）が軍制を刷新する。絶対主義君主が用いた傭兵制を廃し、他日の解放戦争にそなえて一般兵役義務に基づく国民軍を創設する（この国民軍が悪名たかいプロイセン＝ドイツのミリタリズムの温床となるのは将来のことだ）。しかしそうした改革のためにシュタインはナポレオンの不興をかい、一年で首相を罷免される（一八〇八年一一月二四日）。

フンボルトの起用

ところでこれらの改革には、教育制度の改革がともなわなくてはならなかった。もしこれを欠くなら、「仏つくって魂いれず」になるだろう。現下の事態に遅疑するところなく対応しなければならない。かといって、目さきのことに気をうばわれて「国家百年の計」をわすれるなら、教育屋になれても教育者にはなれまい。教育の改革は迂遠《うえん》のようだが、国民精神をきたえ直すもとだ。フリードリヒ＝ヴィルヘルム三世は口ぐせのようにいったという、「国家は物質力において失ったところを精神力によって補わねばならぬ」と。では、だれにこの大任を負わせるか。シュタインはフンボルトに白羽の矢をたてた。しかしフンボルトとは一面識もなかったのである。国家顧問官クントの推輓《すいばん》があったろうし、フンボルトがひろい教養とゆたかな精神の人物だということは宮中にも知れわたっていた。ところがフンボルトはローマでノウノウとしていて、いっこうにみこしをあげようとしない。柄にもない大仕事をひきうけて窮地におちいるのは、わかりきっている。青年時代のにがい経験はまだ記憶から去っていない。とはいうものの、ローマはフランス軍に占領され、公使職は休業状態だった。一八〇八年一〇月にフンボルトは次男テオドールをつれてドイツに帰る。カロリーネと娘たちはローマに当分のこる。くわしい経緯は省くこととして、けっきょく、翌一八〇九年二月二〇日にフンボルトは内閣にはいることになる。国家顧問官をかねて宗教＝教育局長官である。当時、プロイセンの官制では文部省はまだ独立していず、内務省の一部局だった。したがって内務大臣の下につくけれど、教育行政は一任された。王とプロイセン政府はケーニヒスベルクにあったので、同年四月に同地へゆき、一一月までそこで政務をとる。フンボルトは宮廷からも閣僚からも歓迎された。内務大臣ドーナとは旧知の間柄でもあった。

教育制度改革

国家＝政治に背をむけてきたフンボルトがこのようなときに教育長官になるとは、たしかに破天荒な出来事であった。シュプランガーの言によれば、きわだった個人主義者であるフンボルトは、まったく非教育家的性質だった。他人にはたらきかけようという強い欲求もなければ、教育の理論などにも関係がなかった。ルソー流の博愛主義がよびおこした教育学的熱意の流行とか、教育＝教授法にかんする果てしない論議もあずかりしらなかった。一八〇九年前には、おそらく一冊の教育の本も読んだことがない。そんな男が荒波をのりきれるだろうか。ところが意外にも、フンボルトは教育行政において敏腕をふるい、彼の名をドイツ教育史上で不滅としたのである。

長官の退職願いをだしたのは、翌一八一〇年四月二九日だから、一年そこそこしか在職しなかったことになる。このような短期間におこなった教育改革の質と量にだれでもおどろかないわけにゆかない。一八一四年に彼は『世界史の考察』という小論を書いた。その一節にいう。「為すべきことは、あたらしい活気横溢《おういつ》した精神的産出へのこうした豊饒をつねに維持し、あらゆる死せるものや機械的なものを阻み、平々凡々として進みゆく生をいつも秩序と厳粛をもって処理し、できるかぎり精神と心情とによって活気づけることである。」かんがえてみれば、これは教育改革の精神に通じる。糸はどこかでつながっているのである。

コッタ版著作集第四巻『政治および教育論』には、長短三三篇、およそ三〇〇ページの論説がおさめられている。フンボルトがいかに政務にはげんだかがわかる。かんじんなことは、彼がただの文部官僚でなくて、たかい見識の所有者だったことである。理念を現実のなかで実現したことだ。理念とは、人間育成論や新人文主義であり、現実とは、ドイツの教育制度、ひいてはドイツ国民性である。必要な程度で概観しよう。

シュプランガー（一八八二～一九六三）はかつて『フンボルトと人間性の理念』（一九〇九）にお

いて画期的研究をおこなったが、べつに『フンボルトと教育制度の改革』（一九一〇、新版一九六〇）がある。この本では、a初等教育、b市民学校、c学者学校（ベルリン―ギムナージウム、シュレージエン施設、ケーニヒスベルク学校改革、リタウエン学校改革）、d大学、の項目にわけてプロイセン教育制度の改革を述べている。しかしこんにちではシュプランガーの本はやや古くなった感がある。そこでC＝メンツェが『フンボルトの人間観』（一九六五）と『フンボルトの教育制度の改革』（一九七五）の大著でシュプランガーを補正した。メンツェでは、初等学校の改革、ペスタロッツィ的方法の導入、教育改革と施設、ギムナージウムの改革、ベルリン大学の創立、ベルリン学術アカデミーの考慮、などをおもな内容とする。初等学校からはじまり、ギムナージウムをはさんで大学で終わる。すべての学校は統一されている。教育制度の全面的改革は、窮極において「人間育成（陶冶、教養）」をめざす。

　初等学校やギムナージウムの改革は煩雑で読者の興味をひくまいから、大学改革に焦点をあてることにする。シュプランガーがいうように、「フンボルトの最大の行為はベルリン大学の創立である。それは壊滅した国民の、精神の内的諸力からの再生を信じるイデオローグの仕事であるばかりではない。所与の手段をもって計算することを知る政治家の仕事でもある。人間を扱って彼らに決定的な影響をおよぼすフンボルトの天賦《てんぷ》の才が、この企てにたいする予知行動におけるほど、みごとにあらわれているところはない。外部の影響をじぶんじしんの理念から遠ざけておく彼の能力が鋭くあらわれているところはない」。またケッセルも、「フンボルトの生涯における、疑いもなく直接にもっとも実際的な業績はベルリン大学の創立にある。そのなかで理念と現実とが理想的にむすびついていた」という。ただ、初等学校におけるペスタロッツィ的方法の導入について、ひとことだけ述べておこう。

ペスタロッツィの教育思想　ペスタロッツィ（一七四六〜一八二七）はスイスの教育家である。若いころルソーの感化をうけ、あちこちに貧民学校、孤児院、私塾をつくった。人間性の陶治を家庭や小学校における基礎教育にもとめ、子供の諸能力を自発的に活動させ調和的に発展させることが彼の根本思想である。さらに社会改革の基礎をも教育においた。「高貴なる自然の道よ、汝が導き行く目標である真理は、力であり、行いであり、陶治の源泉であり、人類の全本質の充実であり整調である」（『隠者の夕暮』長田新訳、岩波文庫）。「自由を静かに待ち徐ろに進む自然に先立って、到るところで無理やりに言語の順序を押し進める学校の人為的な方法は、人間を教育して、内面的な本性の力の欠乏を覆い、そして現世紀のような浮薄な時代を満足させる人為的な虚飾なものにしてしまう」。「人間の精神が一つの事柄に向かって余りに偏し、また余りに強制的に導かれると、人間は自己の力の均衡乃至は智慧の力を失う。だから自然の教育法は強制的ではない」。「真理への人間の陶治よ、汝は人間の本質と人間の本性とを導いて、吾々に安らぎを与える智慧へと陶治する。」

ペスタロッツィはドイツの教育界にも大きな波紋を生じさせた。しかし賛否こもごもだった。とりわけゲーテは好感をもたなかった。ペスタロッツィのほうでも、ゲーテをよくいわない。「おゝ高位にあるゲーテよ、私は汝を私の低い地位から仰ぎ見て、戦慄し、沈黙し、そして嘆息する」。貧しい者の救助者、孤児の父ペスタロッツィからみれば、ゲーテは「傲慢な、無信仰な、世界の総ての聖なるものを大切にしない大胆さ」のゆえに、「天使と悪魔との中間にある鬼火、無邪気な女を誘惑する極く低級な奴」とおもわれたのだろう。ゲーテが「極く低級な奴」かどうかは読者の判断にまかせるが、人生観世界観の相違はどうしようもない。

ゲーテの仲間であるフンボルトのばあいはどうだろうか。フンボルトはペスタロッツィの基礎教育改革案を役たたずとおもっていたらしい。学習における機械的なものの価値を強調しすぎ、言語の陶冶意義を誤解しているとみなした。ペスタロッツィの教えの社会的人間学的次元は彼の興味をそそらない。みとめるにしても、きわめて限定した範囲でだ。ペスタロッツィの基礎方法は、フンボルトに託された大きな改革事業における構成要素としてのみ役にたつ。この領域ではペスタロッツィを利用する。にもかかわらず、彼はペスタロッツィの偉大さを理解しなかったし、ペスタロッツィもフンボルトの意義を正しく解しなかった。プロイセン国家の執行者にすぎないとおもっていたのである。

このように純粋な人間陶冶にたいする共通の関心に基づく個人的関係はついに発展することができなかった。教育史の大家メンツェの意見に異議をとなえる資格はないけれども、フンボルトの初等教育改革の理念はペスタロッツィと符合するようにわたくしにはおもわれる。たとえば、一八〇九年一二月の、国王に宛てた報告でフンボルトは初等教育についてこう述べている。「初等学校では、各人が人間および市民としてとうぜん知らなければならないことだけが教えられるべきである。……私はじしんの経験から、この方法をはっきり理解することがいかにむずかしいかを知っています。数言でツェラーの教育＝教授法を――それがペスタロッツィ的であろうとなかろうと――しめすことをお許しください。ツェラーの学校の特色は、児童の教育、彼らの教授と、さいごにはこの教育とこの教授をさらにひろげようとする目的にかんして、つぎのとおり判断します」として、初等教育の方法を委細にのべる。ちなみにツェラー（一七七九～一八六〇）はドイツの教育家で、ペスタロッツィの精神にのっとって貧民学校や救貧院をたてた。ツェラーをみとめてペスタロッツィをみとめないという法はない。貴族フンボルトには、しかし貧民学校とか救貧院は考慮の外にあったのだろう。

ベルリン大学の創立

さて、重要なのはベルリン大学の創立である。むろんフンボルトひとりが手柄顔すべきではない。ベルリンにあたらしく大学を創立したいという要望は、当時の哲学者が一様に抱いた。ブランデンブルク＝プロイセンがたてたハレ大学（一六九四）はヨーロッパ最初の近代的大学といわれるが、ナポレオン軍に占領されて閉鎖されていた。ケーニヒスベルク大学（一五四〇）はカントで有名だが、片田舎の地にある。オーデル河畔のフランクフルト大学（一五〇六）の沈滞ぶりは、フンボルトが入学して熟知した。そのあと学生生活を送ったゲッティンゲン大学（一七三七）は、古典学のハイネがいて新人文主義の発祥地でもあった。プロイセン政府で上役だったドーナやヴィルヘルム＝シュレーゲルと知り合ったのもこの大学でだ。しかしハノーファー家がたてたもので、プロイセンには権限がない。

こうした事情から、シェリング、フィヒテ、シュライエルマッハー、ヴォルフといった哲学者や新人文主義者がベルリンに新大学を設立すべき必要を痛感し、じじつ構想をねっていた。シェリングがイェナ大学でおこなった講義『大学における学術研究の方法』（一八〇二〜〇三、『学問論』勝田守一訳、岩波文庫）、フィヒテの『ベルリンに建設されるべき高等教授施設』（一八〇七）、シュライエルマッハーの『ドイツ的意味における大学の思想』（一八〇八）というふうに。とりわけシュライエルマッハーの大学論は、総合大学（ウニヴェルシタス＝リテラルム）を説き、さまざまな学問分野を有機的に統一することを大学の根本理念とした。この考えはフンボルトにいちばん近かった。

決定的なことは、「案」を「実行」にうつすにある。臨時政府がおかれているケーニヒスベルクでフンボルトは国王にたびたび建白書を提出した。そのひとつが『ベルリン大学の創立の提案』（一八〇九）である。

提案の冒頭でいう。「私が現在の時点において、その実施がもっと落ちついた、もっと幸わせな時代を前提するようにおもわれる案をあえて述べようとするのは、変だとおもわれるかもしれません。しかし国王陛下は、きわめて種々の、しかもはっきりした仕方でつぎのことをしめされた。すなわち、陛下らが気がかりな状態の急迫のまっただ中においても、国民＝教育と教養という重要な点を見失わないこと、この崇高でもあり稀有な意向が以下の提案をする勇気を私におこさせること、を」。大学創立の意義は何か。「学校やギムナージウムは現在の国にとってきわめて重大な効用がある。だが大学のみが国に、その国境をこえて影響を確約し、同一言語を話す国民の育成に効力をおよぼすことができる。陛下がいまやこのような施設を裁可になり、実施を保証なされたとすれば、貴下らはあらためてドイツにおいて育成と啓蒙とにたいして関係があるすべてのものを、もっとも強固にむすび合わせるであろう。すなわち、ドイツの一部は戦争のために荒廃し、一部は外国の言葉で外国の統治者によって支配されている時点において、貴下らの国家の復興のために、あらたな熱意をよびおこし、ドイツの学問のために、おそらくはいまほとんどなお望まれなかった逃げ場をひらく、ということである。」

フンボルトの熱誠はついに国王、内務大臣ドーナ、大蔵大臣アルテンシュタイン（一七七〇～一八四〇）を動かす。敗戦の結果、プロイセンの財政は極度に逼迫《ひっぱく》していたが、財布の底をはたいて大学創立にふみきった。フンボルトの要求で一五万ターレルの予算を計上したのである。こうしてフンボルトを委員長とする大学設立準備委員会が発足する。

大学の理念

しからば、フンボルトの大学理念はどういうことであったか。シェルスキー（『大学の孤独と自由　ドイツの大学ならびにその改革の理念と形態』一九六三、田中・阿部・中川訳）とフォスラー（「フンボルトの大学の理念」「歴史雑誌」一九五四）によりながら見てゆこう。

シェルスキーによると、フンボルトの教育思想は人間性《フマニテート》を基本とする。人間に賦与されているあらゆる能力を、自覚された高度の個性にまで発展させようとする。この教育思想は一般の学校制度に確立されたのはむろん、各自がその自己形成にとり組むべき大学における確立をもめざした。こうした「一般陶冶《ビルドウング》」をめざす人文主義的教育思想は、新興ドイツ観念論哲学と融合することによってはじめて、「学問による教養《ビルドウング》」の理念になることができた。そしてこの「学問による教養」の理念が新様式のベルリン大学においてその極に達したのだった。このあたらしい大学において指導理念となったものが「孤独と自由」にほかならない。『リタウエン学校計画』（一八〇九）でフンボルトはこう述べる。「人間がじしんで見いださなければならないもの、つまり、純粋な学問にたいする認識は、大学のためにとっておくべきである。ほんらいの意味におけるこうした自発的活動には、自由とその助けとなる孤独とが必要である。そしてこの両者から同時に大学の外部組織が生じる。」

ベルリン大学　1810～15年ころ

『ベルリンにおける高等学術施設の内外の組織について』ではこういわれる。「これらの施設はできるだけ学問の純粋理念に仕えるばあいにのみ、その目的を達成できるのだから、孤独と自由とが関係者を支配する原理である」。あらゆる一般陶冶に優先しておこなわれる専門的な職業準備教育の意味における専門学校という思想を、フンボルトは強く排した。いいかえれば、たんに実用主義的効用を重視する専門学校を軽視した。職業というものはどうしても人間を特定の領域に固定するから、人間を自由にしない。だから一般的な人間形成が職業人形成に先行しなければならない。職業学校の対角線上に大学は位置するわけである。

ドイツ観念論哲学者においてもフンボルトにおいても、人間を道徳化することが教育と教養の最高目標であった。とうぜん、大学も道徳的モティーフによってみたされていなければならない。すなわち、人間の全生涯を支え、そのあらゆる行為をみちびき、それどころか生活そのものを人間完成の一過程となすべき道徳的モティーフである。すでにいったように、こうした支えはフンボルトの年来のものだ。たまたまベルリン大学の開学精神を把握するにあたって確かめたにすぎない。『人間育成論』でいっていたではないか。「自己以外の活動によって生じるようなものは、じつは人間にとって問題ではない。問題はもっぱら自己の内的改善と醇化ということである。まったくその窮極目的だけ考察すれば、人間の思惟とはつねに、じぶんにたいしてじぶんを明らかにしようとする精神のひとつの試みにすぎないし、人間の精神とは、じぶんのうちで自由独立になろうとする意志のひとつの試みなのである。われわれの存在の窮極の課題とは、われわれの人格中で、人間性という概念にたいして、できるだけたくさんの内容をあたえる、ということである。このような課題を解決するには、われわれの自我を世界とむすびつけ、もっとも一般的、もっとも活発な、もっとも自由な相互作用たらしめるほかない。」大学こそはこうした道徳的な自己育成への道をもっとも完全に教えることができる教育機関である。あるいはこうもいえよう。大学において自己完成の意味における純粋な陶冶という仕事が完了する、と。フンボルトが、実際生活に役だつ知識のみをえることでおこる人間の偏狭化、したがって特殊専門的な学問をおさめる職業教育に反対したのも、人間の自己育成を最優先させようとするからである。

つぎにフォスラーによれば、フンボルトの大学理念は二つの根本観念に帰着する。第一は「学ぶ」ということについてのあたらしい把握である。学問は知識の集合体もしくは百科事典的な統計ではない。所有ではなくて、行為、活動である。それゆえに学問はできあがった財のように、世代から世代へあたえられ、受けとられてゆくものではない。つねにあらたに産出されるものでなくてはならない。しかもそれは教授と学生との双方によってつくりだされねばならない。学ぶことは教えることと同じように、ひとつの活動的な、創造的な出来事である。そうしてのみ知識は、現実にわれわれじしんの部分、確信、力、性格となるのである。若いころフンボルトは「人間において成功しようとするものは人間の内部から発しなくてはならない。人間に外からあたえられてはならない」といった。教育長官はこれを大学教育に適用しようとする。「普通の学校ではすでに解決し決着した知識しか扱わない。これに反して高等学術施設の特質は、学問をつねに、なおまったく解決されていない問題としてとり扱い、したがってあくまで研究中ということにしておくことである。すべて肝要なのは、学問をなおまったく見いだされないもの、見つけだしえないものとして扱うという原理を保持することである。内部から発して内部へつくられる学問だけが性格をも形成する。」

こうした把握の結果は、大学の本質と機能における深甚な変化である。それはもはや知の伝統ではなくて学問の生産である。研究と教育との統一という周知の原則は、そこに由来する。教える者と弟子との変化した関係も。教授は与える者、学生は受けとる者、学ぶ者ではなくて、ともに探求する者、創造する者である。同じ使命に共同ではたらく者である。そこからさいごの結果も生じる。すなわち、アカデミックの自由、教える自由と習う自由である。フンボルトは『ケーニヒスベルクの学校計画』（一八〇九）で述べる。「したがって大学教師はもはや通俗の意味での教師ではなく、学生ももはやたんなる受け身の学習者ではない。学生はみずから研究をする存在であり、教授《プロフェッサー》は学生の研究を指導し援助する。大学での教授《ウンターリヒト》は、学問の統一を把握し、その統一を創出すべき立場におかれており、それゆえ、創造力を要求されている。」

フォスラーによると、第二の根本観念すなわち学問の統一は、行為（活動）としての学問についての第一の根本観念と密接にむすびついている。学問の統一とは、学問がひとつの有機体だということだ。人間が異なった断片や特質から構成されてはいないように、学問もあらゆる領域において生き生きとしてひとつになっているような力、としてとらえられる。この考えによって、古い百科事典的な、空虚で外面化した知識の統一が回復される。大学とは、おのおのの専門がすべての学問との関連において認識される場所である。たとえば人が言語を学ぶばあい、ひとつの言語のなかに言語一般の構造を認識するのであり、われわれじしんのなかで溌剌《はつらつ》としている人間精神を認識する。学問の理想と人間品位の理想とはひとつに、つまり「ビルドゥング」にとけ合う。

そうだとすると、シェルスキーがいう「孤独と自由」も、フォスラーがいう「教える自由と学ぶ自由」も、フンボルト的大学の理念をちがった角度から見たものといってよいだろう。もう一度、『内外組織』のことばで確認しよう。「直接に国民の道徳的文化にたいしておこなわれるすべてのものが集まる頂点としての高等学術施設の概念は、つぎのことに基づく。すなわち、それら学術施設は、学問を言葉のもっとも深く広い意味においてとり扱うようにさだめられていることだ。それゆ

フィヒテ

えにその本質は、内的には客観的学問を主観的教養（育成）とむすびつけ、外的には完成された学校教授を開始しつつある研究とむすびつけること、あるいはむしろ一から他への移行を生じさせることである。だが主眼点はあくまで学問である。大学は同時に学問＝教養施設である。そうはいっても、この目的を達することができるのは、学問の純粋なイデーに向かい合うときにかぎられる。学問は最高の教養に達するために必要である」。けっきょくのところ、『人間育成論』を大学論に適用したものにほかならない。

　こうしてフンボルトによって開学の精神を明示したベルリン大学は、一八一〇年秋に開講のはこびとなる。互選によってフィヒテが初代学長となる。これより先、フィヒテが一八〇七年末から翌年のはじめに、フランス軍の監視下で『ドイツ国民に告ぐ』の熱弁をふるってドイツ民族を激励したことは、よく知られていよう。また学部長としてはシュライエルマッハー、法学のサヴィニー（一七七九〜一八六一）、言語学のボップ（一七九一〜一八六七）、古典学のヴォルフ、古代史のニーブール、化学のクラプロート（一七四三〜一八一七）、医学のフーフェラント（一七六二〜一八三六）、農学のテール（一七五二〜一八二八）といった当代の碩学《せきがく》があつまる。今後、ベルリン大学はドイツ学術の淵叢《えんそう》となるばかりでなく、近代的大学の模範として内外に名声をうたわれる。

　フンボルトの教育改革は、実際面でも効果をあらわした。ドイツの哲学者テオバルト＝ツィーグラー（一八四六〜一九一八）はこういっている。「フンボルトをつうじての新人文主義の寄与は、あたらしい大学においてではあったけれど、きわめて大きかった。このまったく個人主義的な、一見たんに美的な教養は、いまやじっさいの効を奏し、美的教養は政治的育成の必然的段階であるとするシラーの考えは、歴史によって実証された。つまり、愛国心と真に愛国的な感激と国家および政治的志向とが、フンボルトの新人文主義的改革とむすびついた。大学や新人文主義的組織のギムナージウムから、多くの青年が、一八一三年や一八一五年に志願兵として戦場にはせ参じ、彼らの最善のちからをつくしたのだった」（『一九世紀の精神的＝社会的潮流』一八九九）。

教育長官辞職

フンボルトは秋の開学には臨席しなかった。四月末に国王に教育長官の辞職願いを提出し、聞きとどけられた。そして同じ日にヴィーン駐在の特命全権大使に任命され、九月にヴィーンに向かう。以後は外交界に身を転じ、今度こそは解放戦争という乾坤一擲《けんこんいってき》の勝負に立ち会うことになる。一〇月末にはカロリーネもヴィーンに到着する。辞職の理由は判然としない。教育局が内務省の管轄下にあって独立した省でなかった（省への昇格は一八一七年）不満、シュタインをついだのに自由主義路線からしだいに後退したハルデンベルクとの疎隔、教授間の軋轢《あつれき》への不快感など、諸説ふんぷんだ。しいてせんさくするにはおよぶまい。地位に恋々とする気持ちがないのはいつもの伝である。その点でハルデンベルクと対象的だった。

ハルデンベルク

　ベルリン大学の生みの親でありながら、育ての親にならなかったことを、フンボルトはどうおもっていたであろうか。挫折と感じただろうか。そんなはずはない。個人は独立していない。民族とむすばれていなければならない。こういう考えから、全教育制度を国民的であると同時に社会的使命とみなした。初等学校から大学やアカデミーにいたるまで一貫した観点からとらえたのは、そのためであろう。ここにはもう初期のフンボルトにおける、普遍人間性といった抽象論は影をひそめたようにみえる。だが、人間育成は人間を自発性と独立へみちびくべきであって、特定の目的へ向けるべきではないという信念は微動だにしなかった。そうした信念を教育制度のなかで活かすことができた。そうおもったとたん、彼にはベルリン大学を上から監督しようなどという気持ちは雲散霧消してしまったのではなかろうか。いずれにせよ、「国家百年の計」である教育改革は、すぐさま利きめをあらわすものではない。藉《か》すに歳月をもってしなければならない。じじつ、その後の時代の激動のなかにあっても、新人文主義に基づくベルリン大学の開学精神は生きつづける。大学（ユニヴァーシティ）は普遍的（ユニヴァーサル）を旗じるしとする。もちろん、実学つまり職業を前提とする単科大学も一九世紀における社会＝経済の要求にこたえて続々生まれる。しかしこの点に立ちいる要はあるまい。

フンボルト兄弟像余話

さいごにエピソードをひとつ書き加えておこう。わたくしは「まえがき」で旧ベルリン大学正門の両わきにたつフンボルト兄弟記念像のことをしるした。この記念像の由来はこうだ。病理学者でベルリン大学教授ルードルフ＝フィルヒョー（一八二一～一九〇二）が、アレクサンダー＝フォン＝フンボルトの没後一〇年めにあたる一八六九年に、彼の記念像をつくる計画をたてた。賛成者がドイツ内外にあらわれ、資金もあつまった。折しもプロイセンとフランスとの戦争がおこり、一時計画は棚あげされた。戦後に記念像をベルリン大学付近にたてることがきまった。アレクサンダーはプロイセンの外交使節としてパリに八回もいったし、国家顧問官にもなった（一八四〇）。プロイセン国家のためにつくした功績は大きい。が、ベルリン大学教授ではなかった。そのため当局は難色をしめした。そこで、ベルリン大学の創設者である兄ヴィルヘルムといっしょなら、ということで皇帝の裁可がおり、現在の位置におかれることになったのである。ヴィルヘルム像はマルティン＝パウル＝オットーが、アレクサンダー像はラインホルト＝ベーガスが制作した。

こうして新ドイツ帝国皇帝ヴィルヘルム一世（在位一八七一～八八）、皇太子、貴賓が多数列席して、一八八三年五月に除幕式が挙行された。生理学者で学長のデュ＝ボア＝レモン（一八一八～九六）はこう演説した。「アレクサンダー＝フォン＝フンボルトは自然科学者として普遍的であり、しかも歴史的に思索した。他方、精神科学においてこれに劣らず普遍的なヴィルヘルム＝フォン＝

フンボルトは、しばしば自然科学者のようにふるまった。したがってこの兄弟は、自然科学と精神科学とが境を接する多くの点で邂逅《かいごう》したのであった」。フンボルト兄弟像は学問の二大分野のうるわしい提携とともに、ベルリン大学のあるべきすがたを象徴したといえようか。

現在ドイツ連邦共和国には「アレクサンダー＝フォン＝フンボルト財団」という学術交流機関があって、世界各地からたくさんの留学生をうけいれている。第二次大戦後、この財団の援助でわが国の若い学徒がドイツに留学する恩恵にあずかっていることは周知であろう。他方、戦後の学制改革の結果、新制大学においては専門課程に先だって一般教養課程を修めることが必須とされた。その成否は問わないとして、少なくとも一般教養を重視することは、こんにちのように専門化の弊がはなはだしくなっているとき、とくに大切であるし、全人的教育の見地からも重要である。このような一般教養の重視は、すでに見てきたように、フンボルトに源を発する。してみれば、わが国の大学生諸君はフンボルト兄弟にいささかの縁があるといってもこじつけにはならないであろう。

V　国家への転回

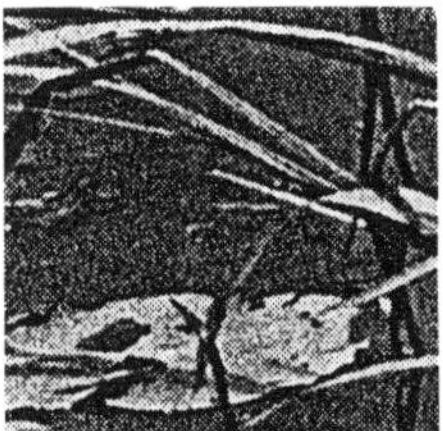

フンボルトの国家活動

世界市民主義とのわかれ　なんども述べたように、フンボルトは国家＝政治というものに懐疑的だった。政治不信は当時のプロイセンの政治現実に胚胎した。ローマ駐在時代も、プロイセン国家にたいする奉仕は通りいっぺんだった。が、いまや改革でプロイセンは面目を一新した。たとえ「上からの改革」であり、しだいに反動化するにせよ、初期においてシュタイン－ハルデンベルク改革は熱情にあふれていた。その熱意にうたれたからこそ、フンボルトは火中に栗をひろう気にもなったのであろう。ところで教育制度の改革に着手すれば、国家と国民に対決しないわけにゆかない。いったい、フンボルトが代表する古典主義とか新人文主義は貴族的色彩がこい。普遍人間性の理想など、一般民衆には「高嶺の花」だ。シラーがとなえる「高貴なる親交の国」など、「猫に小判」ではないか。だが初等教育は名もない民衆を対象にする。貴賤貧富を問わない。国民から目をそむけることは金輪際できない。

マイネッケは『世界市民主義と国民国家――ドイツ国民国家発生の研究』（一九〇七、矢田俊隆訳）において、「一八世紀九〇年代のヴィルヘルム＝フォン＝フンボルト」および「一八一二―一八一五年代のシュタイン、グナイゼナウおよびヴィルヘルム＝フォン＝フンボルト」の二章において、フンボルトの国家＝政治観の変化を追った。一七九〇年代の彼は古典主義の普遍人間性の考えにひたっていた。国民性の概念からは遠かった。しかし人間の自由な活動にたいする観察はきわめて生き生きとしたものだったから、人間のいろいろな力の調和的活動のなかから真の国民精神のざわめきを聞きとるためには、彼にとって、いますこし広範な人生経験が必要なだけであった。「ほんとうにフンボルトの精神のもろもろの力は、国民への道を見いだすためには、ただうっちゃっておかれればよかった。彼のように純粋かつ熱心に、やさしく同時にまた精力的に、個性の秘密に探りいろうとした人には、個人のなかにも国民精神が――個人の自由な社交的活動から発展するだけでなく、個人に先だちまた個人をこえて、確固たる歴史的生命力としても広がってゆく真の現実的な国民精神が――、生きてはたらいているのだという考えが、いつかはあらわれるにちがいなかった」。九〇年代の終わりから一九世紀のはじめにかけて、そういう考えがゆっくり熟していったのは自然のなりゆきだろう。

国家主義者ではないフンボルト

それまでフンボルトにとってすべてであったヴァイマールの世界からぬけだす日が到来したかにおもわれる。だがそのことは、ヴァイマールの精神と縁切りすることを意味しない。ヴァイマールの精神はもはや血肉化されていて、切りすてようたって切りすてられるものではない。いいたいのは、かたくなな国家活動敵視が、国家活動も人間育成に役だつとする柔軟性をえたことだ。ならば、プロイセン改革を転機としてフンボルトは国家主義者になったのだろうか。マイネッケは『フンボルトとドイツ国家』(一九一三)というべつの論説でいう。フンボルトがその経歴をふみだしたとき、ドイツ国家は国家なき文化、すなわちヴァイマールの文化をもたらした。その一方、文化がなくはないけれどごく貧しいプロイセン国家をもった。ヴァイマールの文化は自由で美しい個性を発展させたのに、ポツダムの国家は個性を国家の目的に従属させた。こうした両極性を超克して、国家と文化とを内的に統一することが将来の課題だったが、フンボルトはそういう課題の解決にあたった。ヴァイマールの精神はドイツ国家をも創造することができた——ポツダムの国家を否認するような国家でなくて、これを政治的分裂と感情とをもって未来のちからのために創造し、さらにこれを発展させるような国家を。青年時代の繊細な、利己主義的な個人主義は深化されて、いっさいの個性的生一般にたいする、また個々人の生をにない豊かにする、いっさいの偉大な超個人にたいする、つまり祖国、国家、民族にたいする共感となった。彼らに力や特性をあますところなく発揮させ、ふたたびそれらを内面的にむすびつけることこそ、フンボルトが解決しようとした課題であった、と。

しかしマイネッケのように断定するのは尚早だとおもう。フンボルトはヴァイマール文化とポツダム国家を統一したというより、両者の溝に橋をかけたというのがより適切である。たとえばプロイセンの官僚主義にたいする嫌悪は変わらない。ほんとうの官吏はいかなるものか。教育長官はこう論じる（『上級試験委員会の組織に関する意見』一八〇九）。「およそ高等官吏においては、つぎのことほど重要なことはない。すなわち、彼があらゆる方向へ向かって人間についていかなる概念をもつか、人間の品位と理想を全体としてどこにおくか、どの程度の知的明晰をもってものごとを考えるか、いかなる温情をもってものごとを感じるか、育成の概念にいかなる広がりをあたえるか、人間というものを具体的にどうおもうか、下層の国民階級にたいしてどの程度の尊敬もしくは軽蔑の念を抱くか、いかに市民らしい心がけをするか、人間が無関心をもって国家形式のなかで没落するのを見るか、それとも国家形式が個人の自由のなかで解消するのを見るか、彼が教育と宗教に積極的な形成的な力があるとおもうか、さいごに、これらすべての意見が彼にあっていかに連関しているか、ということである。こうしたことによって、人間が首尾一貫しているか否か、生まれつき高尚か卑俗か、愚かであるか自由か、一面的か多面的か、たいせつなのは思想か現実か、がきめられる。」

国家の任務

教育制度を整備したことは、教育にたいする国家の監督権を強化したかに見えよう。フンボルトにはそんな考えは全然なかった。教育に国家的使命を負わせるよりも、むしろ国家に教育的使命を負わせる、いいかえれば国家を文化国家たらしめるのが本意なのであって、大学もそういう趣旨にそわなければならない。大学は国家の強権に服してはならない。『内外組織』は断固としていう。「国家が配慮しなければならないのは、㈠学問活動をつねにもっとも活発で、もっとも力づよい状態に維持しておくこと、㈡その活動を低下させず、高等学術施設と学校との区別を純粋かつ確実に維持すること、である。そもそも国家は学問活動をひきおこさないし、そのちからもない。それどころか、国家が介入すれば、つねに学問を妨害する。国家の容喙《ようかい》がなければ、学問じたいが無限によく発展するであろう。加えて、学問との関係はつぎにのべるようなものでしか本来ありえないということを、国家はまさに不断に自覚していなければならない。すなわち、現実の社会においては、いかなる活動であれ、それがより広い活動をもっておれば、それには必ず外面的な形式と手段とが存しなければならないはずだから、国家はまた学問の完成のためにもこうした形式や手段をととのえる義務があるということ。それゆえ国家はもっぱらこの理由だけからして、自己がげんにそこねているもの、あるいは妨害したものを償うために、もう一度その内面的本質を念頭におかなければならない。」人間育成論者フンボルトの、真骨頂を発揮したことばではないだろうか。

国家と大学

さらにいう。「国家は大学を、ギムナージウムとしても専門学校としてももとり扱ってはならない。また、アカデミーを技術委員会もしくは学術委員会として利用してもならない。国家は全体として大学やアカデミーから直接国家に関係するようないかなる事柄をももとめるべきでない。かえって大学がその窮極目的をとげるばあいには、国家の目的を、しかもきわめて高い見地からみたすという確信をもたねばならない。国家の義務は、主として、諸学校を整備して、然るべく高等学術施設と提携させるにある。このことは、とくに初等学校と高等学術施設との関係の正しい洞察とつぎのような確信とに基づく。つまり、初等学校は大学の授業を先どりしないことを使命とすること、大学は初等学校の補足にすぎない、より高等な学校階層にすぎないこと、これである。また学校から大学への移行は、青年の生活における一節であること、である。初等学校はひたすら生徒においてあらゆる能力の調和ある完成ということに、思いを致さねばならない。生徒のちからを、できるだけ少ない対象において、しかもできるだけ多方面に向かって訓練せねばならない。理解とか知識とか精神的創造が、外部の状態によってではなしに、内部の正確とか調和とか美によって刺激をうるように、あらゆる知識を植えつけねばならない。」

以上のように見てくると、人間育成が教育制度全般の基軸をなすことは明らかであろう。二〇年後のフンボルトの考えは、変わったようで基本的には変わっていない。だからシェルスキーがこういうのももっともである。「フンボルトの考える新しい大学政策の諸原則とは、『国家活動の限界』の新版にほかならない。ただ、今度は問題が政治家の立場から見られただけで、その信条の方は変わらない。個々の特殊な市民的、精神的利害を代弁する国家の在り方は、相変わらず拒否されているが、支配権力および政府としての国家のほうは、それが現実における普遍者、つまりイデーの代表者と解されているかぎり、ただの一度も問題とされなかった。」

フンボルトは、ベルリン大学の創設のほかにも、ドイツ学術の振興につくした。ベルリン学術アカデミーを改組し、颯々《さっさつ》とした新風をふきこんだ。彼こそは、ドイツのアカデミーをつくったライプニッツ（一六四六～一七一六）の正統な後継者である。じしん、一八〇九年いらい会員だった。教育長官時代の報告、提案、覚え書にはなお、『宗教音楽について』（一八〇九）、『ベルリン王立図書館について』（一八〇九）、『医学制度の組織について』（一八〇九）、『ベルリン博物館設立について』（一八一〇）などがある。彼が八方に目をくばっていた証拠だが、これらに言及する余白はない。

フンボルト的大学理念の今日的意義　フンボルトの教育行政あるいは理念は、じしんの思索および体験とプロイセン改革という状況との逢着から生まれた。そういう状況をぬきにした教育の一般論と見るべきではない。しかしシェルスキーはこういっている。ドイツ大学における教養理念の源泉や制度的新設にかんする以上の考察は、現代にたいしてのっぴきならぬ疑問を提起する。いったいドイツの大学は、フンボルト的大学の教養理念や社会理念にたいして、こんにちいかなる関係をもっているか、という疑問だ。すでにこの疑問にしてからが解答は容易でない。こんにちの大学の実際の状態は、もはやこの理想と合致しないけれど、それだけではこの理想を放棄する理由にならない。したがってドイツの諸大学における事実の状況を土台にしてフンボルト的な大学理想に反論をとなえても、その根拠は制限されている。他方で、ドイツの諸大学に残存している古典的な大学の教養理念の擁護者が、フンボルトの大学理想の精神的＝社会的基盤に生じた変遷を意にとめず、それをしだいにぼかしてしまったこと、古典的大学の理念の抽象的な残滓《ざんし》のみを保持して、理念の現代的な実現をおそれ、そればかりか、大学じたいの内部で精神科学や教育科学の孤立化をみちびき、そのためイデオロギーの担い手とはなっても、もはや現代の大学の構造をになうものでなくなったことなどは、立証できる、と。

　シェルスキーの疑問はうなずける。が、反面において、現代においてフンボルトの大学理念が死にたえたのでなくて、むしろ時代の変化に対応するような脱皮と新生をこんにち切実にもとめていることを、この疑問はしめす。ケッセルのばあいもそうであろう。彼はいう。個々の点においてわれわれはこんにちフンボルトの判断をそっくりひき継ごうとはおもわないにしろ、根本問題ではちがった意見をもつわけではない。提起される問題とはつぎのようである。フンボルト時代いらいの状況のじっさいの変化が、彼の解決の個々の点にどの程度影響力をもつことができるか、あるいはもたなければならないか。そのさい、はじめから明らかなのは、いかなる規定化や水準化もフンボルトの精神と大学の理念にたいする裏切りを意味する、ということだ。ケッセルもフンボルトの教育理念の現代への適用に疑いをもちながらも、窮極においてはフンボルト的精神の復興にドイツの大学の未来を賭けているようである。

職業としての外交官

フンボルトは一八一〇年四月に教育長官の辞職願いをだして聞きとどけられた。政府は六月一日にオーストリア大使に任命し、格あげして国務大臣とする。九月にヴィーンに着任し、一〇月にはローマにのこっていた妻と三人の娘もきた。これから一八一九年一二月にやめるまでの約一〇年が、外交官時代である。頂点は一八一四～一五年のヴィーン会議である。なるほど教皇庁における公使職六年の経験はある。だが「技癢《ぎよう》にたえず」なんてことはなかった。ローマにくる内外知名人の、ていのいい接待役である。ついで教育長官として一年あまり苦労はした。それとてもプロイセン一国内でのことである。

これに反して今後の一〇年間は、駐在大使あるいは平和会議の全権として、プロイセンの国家利益を主張し実現すべき立場におかれる。海千山千の外交家を相手に修羅場を演じねばならぬ。外交の世界はまさに権謀術数が渦まく世界だから。文人気質がぬけきらないフンボルトが外交官という職業に向くとはおもわれない。ところが敢然と挑戦し、相当な成果をあげたのだから、いよいよおどろかざるをえない。たくさんの政治的意見書や覚え書（アカデミー版全集では三巻をしめる。コッタ版著作集には一四篇を収録）が証明する。しかも寸暇をさいてアイスキュロスの悲劇『アガメムノン』を翻訳し、バスク語の研究をおこなう。超人というほかない。フンボルトの外交活動については、古くはゲープハルトの『政治家としてのフンボルト』（二巻、一八九六～九九、新版一九六五の第三部と第四部）とケーラーの『フンボルトと国家』（改訂第二版、一九六三）が委曲《いきょく》をつくしている。一〇年間の業績をいちいち述べることはできない。ざっとみれば事足りよう。

シュタイン

現実政治家
メッテルニヒ

フンボルトはヴィーンに赴任する途中、ナポレオンによって追放されていたシュタインとプラハで会い、意気投合した。資性はちがうにもかかわらず、ドイツのあたらしい秩序について意見が一致した。シュタインは多言症の政治家でなくて、理念ゆたかな、精力的な行政専門家であり改革者だった。ハルデンベルクのような権力志向者でないところもフンボルトと似ていた、とはリッターの『シュタイン伝』における評言である。さて、駐オーストリア大使はなんといっても重職である。オーストリアのハプスブルク家はヨーロッパの名門中の名門だ。むろん、ドイツ第一の大国である。外相メッテルニヒ（一七七三～一八五九）は、フンボルトより六歳若いけれど、徹頭徹尾、現実的な外交家である。このようなメッテルニヒと折衝しなければならない。フンボルトはなんとかしてオーストリアを反ナポレオン陣営にひきいれようとする。メッテルニヒはいっかな

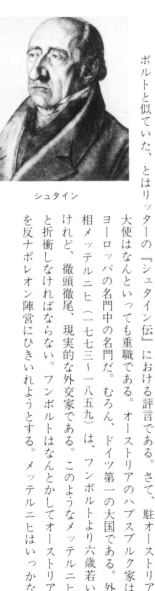

その手にのらない。アウステルリッツの戦敗（一八〇五年一二月）に加えて神聖ローマ帝国を解体（一八〇六年八月）させたナポレオンの勢威を、メッテルニヒは知悉《ちしつ》している。するうち、思いもよらぬ事件がおこった。一八一二年夏の、ナポレオンのロシア遠征の大失敗である。待ってましたとばかりにプロイセンはロシアと同盟をむすび、フランスに宣戦する（一八一三年三月）。それでもオーストリアは音なしの構えだ。一八一三年六月にメッテルニヒはナポレオンとドレスデンで会見し、プロイセン・ロシア両国とフランスとの調停をはかる。七月のプラハ会議ではプロイセン代表のフンボルト、ロシアの代表のアンシュテット、フランスの代表のナルボンヌがあつまり、そこでメッテルニヒはキャスティングヴォートをにぎろうとする。しかしこの仲介案をナポレオンが一蹴するにおよんで、八月にオーストリアはついにフランスに宣戦し、九月にはプロイセン・ロシアと同盟する。こうして一〇月のライプツィヒの戦いで連合軍はナポレオンをやぶる。いわゆる諸国民の戦いである。一八一四年三月、連合軍はパリに入城した。ナポレオンは退位し、エルバ島にながされる。かつてフランス遊学中にナポレオンをかいま見たフンボルトは、このような事態を予想もしなかったであろう。

解放戦争で

戦争中、フンボルトはフリードリヒ＝ヴィルヘルム三世の大本営づめとなり、席のあたたまる暇もない。プロイセンの運命をかけた戦いにおいて、民族のちからを強く意識する。一八一三年一二月にカロリーネへの手紙に書く。「世には二つの真に良い、慈悲深いちからがある。神と民族がそれだ。その間に介在するものは、民族とむすびつくかぎりにおいて何かに役だつ」。ナポレオンを打倒するには、民族の総力を結集することが何よりも必要である。各人が身命をなげうって悔いない国家だけが民族に未来を保証する。しかもそうしたちからは、フンボルトがそのひとりだった為政者の側にだけあるのでもなければ、彼がぞくした上層階級のうちにだけあるのでもない。国家と国民が一丸となってはじめて湧きでる。フンボルトはいう。ドイツほど独立していて自由な国はおそらくどこにもない。なぜなら、いかなる国もドイツほど、自由を純粋かつ独自に、内的な努力に利用する気があるものはないから。ドイツ人はあらゆる国民のもとで、破壊的なちからをもつことがもっとも少なく、みずからで反応するちからをもつことがもっとも多い。自由の所有が救われたなら、ドイツはたしかに間もなくあらゆる種類の陶冶と文明において傑出するにいたるであろう。だからこそ、この祖国のためにはたらくことはやり甲斐がある。

ナポレオン打倒は、一八世紀末の啓蒙主義的世界市民主義にたいして、一九世紀の国民主義がかちえた最初の勝利であった。国民主義がたかだかと凱歌を奏するのは、もちろん先のことである。しかしここに、ヨーロッパ政治史上にあらたな日が明ける。その後、フンボルトはナポレオン没落後の処置を講じるべくヴィーン会議（一八一四年九月～一五年六月）に、首相ハルデンベルクとともに次席全権として列席する。

カリエールの『外交談判法』

また余談になるが、ルイ一四世時代に、フランスと他国との外交交渉のほとんどにタッチした外交官にフランソワ＝ド＝カリエール（一六四五〜一七一七）という人物がいる。多年にわたる外交交渉の蘊蓄《うんちく》をかたむけて『外交談判法』（一七一六、坂野正高訳、岩波文庫）を書いた。主権者と交渉する方法、交渉の効用、大使と派遣使命の選択、この仕事で成功するために必要な資質について詳述する。だから当時の外交術の実態がよくわかる。訳者によると、この本には三つのポイントがある。第一は、諸外国に使臣を常駐させて持続的に交渉をおこなうことの効用、第二は、交渉の方法として、誠実さ、うそをつかないこと、第三は、交渉家すなわち外交官を独立した専門職業として確立すること。

このうちで第二の「交渉家の資質と行状」を読むと、いったいこんな交渉家がいるものだろうか、と首をかしげたくなる。「ペテンは、すべての正しい人からみて、いやしむべきことである。嘘をつかない男だという定評ができることが彼にとっての利益であり、この評判を、彼の本物の財産のように大切にすべきであるということである」。御説、ごもっともである。だが、国家利益をはからねばならぬとき、みすみす自国に不利になるのを承知のうえで、なおかつうそをつかないような外交家がどこの世界にいるか。カリエールは外交交渉を個人の道義とすりかえている。もしくは虎の威を借るキツネだ。というのは、ルイ一四世の権勢を笠にきるからこそ、こんなことがいえるのだから。カリエールを引きあいにだしたのは、ヴィーン会議はかけ引きとペテンがいっぱいで、まさに外交交渉の正体をさらけだしているからである。

最後の宮廷外交会議

ドイツの三〇年戦争のあと始末をつけた一六四八年のヴェストファーレン会議には、ヨーロッパの多くの国の代表者があつまり、その意味で近代ヨーロッパにおける最初の国際会議となった。ヴィーン会議は二番目の、ヴェストファーレン会議をはるかに上まわる国際会議だった。なにぶんにもナポレオン戦争はヨーロッパの全土におよび、政治地図をぬりかえた。ナポレオン没落後のヨーロッパをいかに再建するかは大問題だった。さればこそヴィーン会議には、未曾有といってもよいほど多くの国の君主または代表者が参加したのである。とはいえ、彼らはなお絶対主義の伝統のもとに生きていたから、いきおい会議は伝統的な宮廷的雰囲気のなかでおこなわれた。ヴィーン政府は連日のように饗宴や舞踏会をひらいた。「会議は進まず、ただ踊るのみ」とやゆされたものだ。そうしているあいだに重要事項は大国間で審議され、小国はまったくカヤの外におかれた。

大国とは、オーストリア（メッテルニヒ）、ロシア（アレクサンドル一世　在位一八〇一〜二五、ネッセルローデ　一七八〇〜一八六二）、イギリス（カスルレー　一七六九〜一八二二、ウェリントン　一七六九〜一八五二）、プロイセン（フリードリヒ＝ヴィルヘルム三世、ハルデンベルク）の四か国である。のちにフランス（タレーラン）が加わった。それというのも、タレーラン（一七五四〜一八三八）は、

ヴィーン会議

利害関係が錯綜して四国の足なみがそろわないのにつけこみ、敗戦国でありながらフランスに有利な条件をとりつけた。煮ても焼いてもくえない男である。そのタレーランですら、フンボルトのねばり強さや論理の明快さに舌をまき、「ルーグラン—ソフィスト」（偉大なソフィスト）といったというから、フンボルトの外交官ぶりは水際だっていたのだろう。

ヴィーン会議は、ナポレオンの百日天下（一八一五年三月二〇日～六月二二日）やワーテルローの戦い（六月一日）で中断したものの、ともかくまとまった。ヴィーン会議議定書には立ちいらない。メッテルニヒが主導権をにぎって復古主義と正統主義の二大原則がみとめられた。フンボルトはメッテルニヒの保守反動政策を抑えることができなかったけれど、堂々と対峙した。遠いむかし、『フランス新憲法』を送った論敵、フランス革命に熱をあげたあのゲンツは、いまはメッテルニヒのブレーンとなっている。このゲンツとなんども討論する。あらゆる種類のジャコバン主義に恐怖を抱き、ヨーロッパをナポレオン征服以前の状態に戻そうとするのがゲンツの考えだ。これにたいしてフンボルトは、ドイツ人を一国民につくりあげようとする。したがってメッテルニヒ体制を容認できない。が、そのことはさておいて、プロイセンはザクセンの一部とライン左岸地帯、ダンツィヒを獲得し、イギリス・ロシア・オーストリアとならぶ大国の地位を確立した。ティルジットの屈辱という恥をすすぐことができたわけで、フンボルトが次席代表として果たした役割は小さくなかった。ゲープハルトがいうように、ヴィーン会議は彼の外交活動の頂点だった。

駐英大使のあとさき

オーストリア大使の任期は終わる。暇をみては『アガメムノン』の翻訳をつづけ、これを完成する（一八一六）。一八一七年九月には駐英大使となってロンドンにゆく。いままで遍歴したラテン民族（フランス、スペイン、イタリア）から、アングロサクソン民族の政治と生活にはじめてふれた。対ナポレオン戦争の危機をのり切ったイギリスでは、すでに一八世紀後半にはじまっていた産業革命が効果をあらわし、ブルジョアジーの政権奪取の道をすすむ。産業革命はまた、科学技術文明という、古典文化やキリスト教的文化と全然異質な文明をつくりだす。イギリスはその先端をいった。フンボルトがこういう産業社会を拒否したことは、いうまでもない。産業社会は人間をたましいのないメカニズムの歯車にしてしまうというのが根本信条だったから。

満一年のロンドン生活については、とくにしるすべきことはない。それで好きな言語研究にふける。この方面ではフランツ＝ボップと知り合った。ボップは印欧語比較研究で頭角をあらわし、のち、フンボルトの推輓《すいばん》でベルリン大学言語学教授となる。エルギン卿（一七六六～一八四一）が大英博物館にもたらしたギリシアの彫刻、いわゆる「エルギンの大理石」はフンボルトをたのしませた。しきりにローマ時代を回想する。しかしロンドン時代は安穏だっただけではなかった。というのは、ハルデンベルクとの関係がだんだん悪化した。フンボルトの目からみれば、ハルデンベルクは反動色をつよめる一方だ。一八一九年九月にメッテルニヒはドイツ連邦（一八一五～六六、ヴィーン会議の結果、ドイツには三五の君主国と四自由市によってドイツ連邦がつくられた）の諸君主をカールスバートにあつめ、自由主義・民族主義の弾圧、言論・出版の自由の制限をとりきめた。ハルデンベルクはメッテルニヒのお先棒をかつぐ。そうした態度にフンボルトは憤懣《ふんまん》やるかたない。首相に宛てて『出版の自由』（一八一六）を書いたのも抵抗のあらわれである。逆にハルデンベルクの目からみれば、フンボルトは危険人物、政府内の「獅子身中の虫」だ。駐英大使に任命したのも、ていよく政府から追っぱらったのである。駐英大使をやめてから、一八一九年一月には「職業《シュテンディッシ》・身分事項《ユーアンゲレゲンハイト》」を扱う大臣となり、八月には閣僚になった。そのほか重要な外交会議にもたびたび列席した。フンボルトは時代の精神、すなわち自由、ナショナリズム、ロマン主義にめざめている。しかるにハルデンベルクはいまだに専制主義を固執している。確執はさけられない。よって、フンボルトは一二月三一日をもってすべての公職から身をひくことになった。

一八一〇年代の政治思想

ここ一〇余年間に、フンボルトにあって普遍的要素にたいして国民的要素がしだいに比重をましてきたのは否定しがたい。しかし世界市民主義から国民主義への転向が決定的となったと性急な結論をくだしてはならない。前述したように、彼はヴァイマール文化とポツダム国家とに橋をわたしたのであって、ヴァイマール文化がすっかりポツダム国家にとって代わられたわけではない。別言すれば、ポツダム国家は依然としてヴァイマール文化に指導されると同時に制限された。そういう意味で、一八一〇年代の政治思想を検討する要がある。マイネッケの意見をつぎに紹介するが、わたくしは一から一〇まで賛成ではない。

シュタインとグナイゼナウがプロイセンの国務と軍役のなかで成長したのに、フンボルトは古典的な文学と哲学の世界で成長した。国家権力の拡大に抗議し、国民的なものをも純粋に人間的な意向でとらえた。だから政治家としての彼は、プロイセンとドイツを普遍的なおきてのもとにおき、国家権力を束縛しようとしたはずだ、とおもわれるかもしれない。だが、一八一三〜一六年の彼の憲法を吟味すると、フンボルトはこの年代にはシュタインよりもずっと、自主的な国民国家の理念に近づいていたことが明白になる。シュタインはドイツの対外的権力政策の任務を「永遠の敵フランス」の防止にかぎっていたが、このような見方は近視的であって、その点、フンボルトのほうが遠視的だった。一八一三年一二月のシュタインに宛てた、ドイツ憲法にかんする覚え書はこう述べる。「ドイツの将来について語るとき、われわれは、ドイツをフランスから守ろうとするせまい視点に立ちつづけることのないように、よく注意しなければならない。じっさいにドイツの独立を脅かす危険がフランスからしかやってこないにしても、このような一面的な視点は、ひとつの偉大な国民のためにいつまでも有益な状態をきずくにあたって、けっして規準となるわけにはゆかない。ドイツは、あれこれの隣国から、あるいは一般にあらゆる敵から身を守ることができるだけでなく、外に向かっても強い国民だけが、国内のあらゆる祝福の源泉でもある精神を自己のうちに保持する、ということのためには、自由でありかつ強力でなければならない。」

フンボルトは、国家そのものに深い関心をよせた点ではシュタインに劣ったにもかかわらず、シュタインよりもいっそう深く、国民的権力国家の本質を知った。「より多く眺める人は、より多く行動する人よりも、いっそう遠くまで見とおす」とはマイネッケの持論で、政治史家と政治家のちがいを的確に洞察している。そのかぎりでわたくしもマイネッケに賛成する。しかしフンボルトが権力国家の本質を知ったというのは、いささかひいきのひき倒しではなかろうか。古典主義や新人文主義は政治権力と相容れないものなのである。たしかに彼は国民意識にめざめた。けれどもその根底には超国民的な普遍性の意識がある。そしてその意識が国民性の意識に没入することを妨げた。国家に関する非国家的見解の残りかすがいまだに付着している。残りかすをとり去らなければ権力主義者にはなれない。こうした限界は、しかしフンボルトひとりの限界ではなくて、当時のドイツのまえに横たわっていた厚い壁だったのである。

甘い観測

このことは『ドイツ憲法建白書』（一八一八）を見れば判然とする。建白書は、ドイツ連邦を論じ、プロイセンとオーストリアとが共同して連邦を指導するのがよい、とする。プロイセンとオーストリアとのしっかりした、全般にわたる、けっして中絶することのない調和と親善が肝要だ、というのである。また、ドイツの特性が維持されるように小侯国の主権は守られるべきだ。ドイツは政治的と文化的との二重の使命をもち、これを小国家に負う、とも論じる。まごう方なくここにはドイツ人を人類的な文化民族とする考えや小国分立を是認する立場が余韻をのこしているではないか。だいたい、ドイツ連邦は寄り合い所帯であって、国民的統一でも国民国家でもない。ドイツの国民的統一は、このようなルーズな統一では出来ない相談である。プロイセンとオーストリアとの提携といった甘い考えをすてなければならない。両国の並存に決着をつけないかぎり、ドイツ統一はありえない。では、決着をつける手段は何か。一にかかって権力である。ビスマルクは非情な目でドイツの情勢をみた。彼のもとでプロイセンは権力国家に発展し、これをささえるために軍備を大々的に拡張する。そうしておいてオーストリアと雌雄を決する戦いをひらき、オーストリアをちからでねじ伏せる。そのときはじめて、ドイツ統一はその緒につくのである（一八六六）。ところがフンボルトは、ドイツ諸邦の独立と平和を擁護し、力ずくの統一を非難した。そしてドイツ連邦をイギリスとロシアが保証してくれることを期待した。なんというはかない期待だろう。

一八一〇年代においてフンボルトが甘い観測しかできなかったからといって、彼の無能のせいにするのは気の毒だ。機、未だ熟せず、なのである。ともあれ紆余曲折をへた末に、いまやフンボルトは政治ときれいさっぱり手を切って、テーゲルの館にこもって学究生活にはいる。だが私たちにはフンボルトの晩年の生活を見るまえに、もうひとつ仕事がのこっている。それは彼の歴史観をひととおり考察することである。一八世紀と一九世紀、世界市民主義と国民主義、古典主義とロマン主義が、微妙に織りあわされていることを知るために、避けてとおれない。

VI　クリオの相貌

フンボルトの歴史観

非歴史的な啓蒙主義

一八世紀の後半にフランスにおいては啓蒙主義が風靡した。旧制度にたいする政治＝社会批判は、フランス革命をひきおこす鋭利な武器となった。啓蒙主義は諸国にも弘布した。プロイセンのフリードリヒ二世のもとで啓蒙専制主義がおこったしだいは、すでに見た。啓蒙主義の全般はしばらく措《お》いて、歴史観だけをとりあげてみよう。啓蒙主義者によれば、歴史はアウグスティヌス（三五四～四三〇）が説いたように神の摂理がおこなわれる過程ではない。人間が理性の光にてらされつつ、未来の完成状態をめざして進歩する過程である。人間はほんらい理性的な存在だが、さまざまな迷信や無知でくらまされてきた。いまこそ蒙昧《もうまい》状態を打破しなければならない。フランス啓蒙主義の大御所ヴォルテールはさけんだ。「怪物にたいする唯一の武器は理性である。人びとを不法と邪悪からまもる唯一の方法は啓蒙である」。こういう理性にたいするゆるぎない信仰が第一の特色だろう。

第二に、自然科学の発達が考慮にいれられよう。近世の科学者たちは、自然界において恒常不変な法則が支配するのを知った。そうした法則は、自然界のみならず人間社会においてもおこなわれるはずだとかんがえる。

第三に、人間はすべて自然法によって生まれつき同じ性情をもち、人種、民族、国、時代の区別はない。つまり、コスモポリタンな考えで人類の一体性を信じる。

第四に、社会史的背景がある。一七、一八世紀に市民革命を遂行する西ヨーロッパのブルジョアジーは意気さかんだ。あたらしい時代と社会を担うのは王侯貴族ではなくてじぶんたちだと信じる。このような上昇するブルジョアジーの歴史観に啓蒙思想ほどふさわしいものはなかったであろう。

啓蒙主義の歴史観が長所をもつことは争えない。たとえば人類の一体性という考えは世界史をあらたに構成させる。ヴォルテールの『諸国民の習俗と精神についてのエセー』（一七五六）では、非キリスト教的民族も非ヨーロッパ民族も等し並に扱われる。それだけ歴史の内容が豊富となる。文化史とか歴史哲学ということばはヴォルテールがはじめて用いたといわれる。

しかしながら長所は短所にもなる。第一に、いったい人間はそれほど理性的なのだろうか。はげしい情念やくらい本能が理性にうち勝つことがままある。理性と非理性、合理と不合理のあいだにゆれうごくのが生身の人間ではなかろうか。第二に、自然界から類推して歴史に法則をもとめようとすれば、伝統とか習慣は、理屈に合わないから切りすてられる。歴史は合理的という物差しだけではかれない。計量しがたいものが人間社会にはある。第三に、キリスト教的進歩思想から神をぬきとって、進歩をもっぱら世俗的人間的見地からとらえた。コンドルセ（一七四三〜九四）は、

『人間精神の連続的進歩の歴史』（一七九五）で「あらゆる鉄鎖から解きはなされ、偶然の支配からも進歩の敵どもの支配からものがれて、力強く確固とした足どりで真理と徳と幸福との道をすすむ人類のすがた」をえがいた。むろん、人間社会が全体として進歩をとげてきたことはたしかだ。しかし進歩は直線的ではない。第四に、自然法から人間本性を同一としたのにも異論があろう。げんに世界には多くの民族が多種多様な生活をいとなみ、ちがった文化をもっているではないか。

啓蒙主義の再検討

これらの点から啓蒙主義に非歴史的という刻印がおされた。だが近年、見直されつつある。ディルタイは、啓蒙主義はあたらしい歴史の把握をもたらしたとする（『一八世紀と歴史的世界』）。カッシーラーは「一八世紀は特別に非歴史的な世紀であったという通説は、それ自体なんら歴史的根拠を有しないし、また有しえない見解である。このような見方は、実はロマン主義が啓蒙主義哲学に立ち向かったときに、自らの立場を明らかにしようとして作りだしたスローガンであった。啓蒙主義の助力なしには、そしてその精神的遺産をうけつぐことなしには、おそらくロマン主義は自らの立場を確立し主張することができなかったであろう」（『啓蒙主義の哲学』一九三二、中野好之訳）と弁護する。さらにマイネッケは、ヴォルテールやモンテスキュー（一六八九～一七五五）が歴史主義の先駆者となったことを論証した（『歴史主義の成立』一九三六、菊盛英夫・麻生建訳）。啓蒙主義の歴史観についてはこれぐらいにして、では、ドイツの哲学者はどうだったか。フンボルトが強い影響をうけたカントのばあいを見よう。

カントの歴史観

カントは「啓蒙主義の完成者にして克服者」と称される。だが歴史にかんするかぎり、啓蒙主義を克服することはできなかった。個体的なものにたいする普遍妥当的なものの優位、完全へ向かっての人類の進歩などをそのままついでいるからである。『世界市民的見地における一般歴史考』(一七八四)を見るがよい。「歴史が人間意志の自由の動きを大体において考察するとき、その規則正しい歩みを発見することができ、個々の人間においては錯綜して不規則に見えるものでも、全人類においては、人類のほんらいの素質が緩慢にしろたえず進み発展しているのがみとめられる」。このような進歩の観念は目的論とむすびつけられている。自然は合目的であるが、人間も自然の一部であるからには合目的である。「被造物のあらゆる自然的素質は、いつかは完全にかつ目的にかなって発揮するようにさだめられている」(第一命題)。そして合目的性の見地から人類の歴史をとらえる。「人類の歴史は、大体において自然の隠れた計画、すなわち内部的に完全な、またこの目的のために外部的にも完全な国家憲法を、自然が人類の有するすべての素質を完全に発展さ

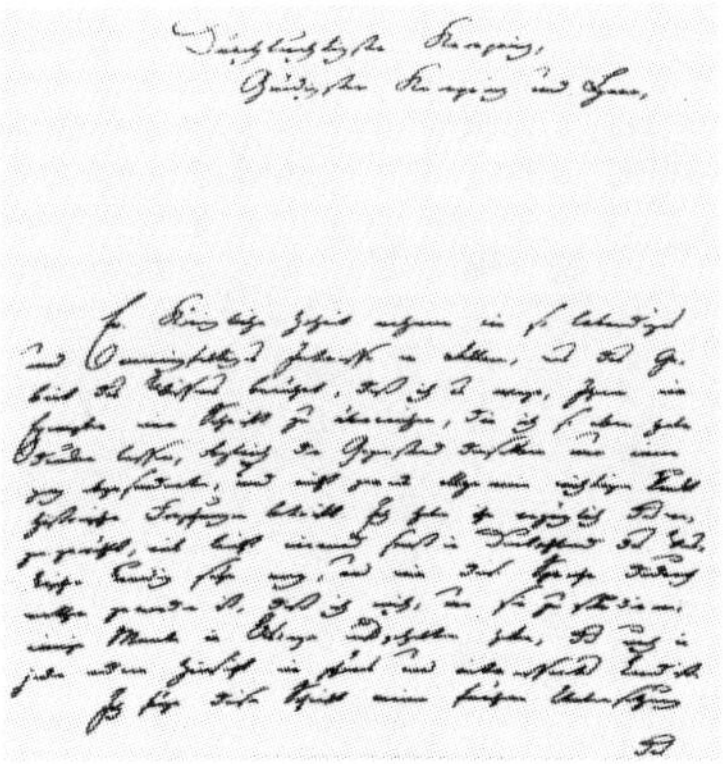

フンボルトの書簡　プロイセン皇太子に宛てたもの

せることができるような唯一の状態として成立させようとする計画の実行とみなすことができる」（第八命題）。

啓蒙主義がとるのは、国民国家ではなくて世界市民主義の立場である。「自然の計画は人類における完全な市民的合一をめざすものであるが、そういう自然の計画にしたがって一般的な世界史を編述しようとする試みは、可能であるし、またこの自然の意図すらも促進するとみなされなければならない」（第九命題）。以上見ただけで、シェリングをへてヘーゲル（一七七〇〜一八三一）において頂点に達する一九世紀の歴史哲学者にくらべて、カントが一八世紀人であることがよくわかる。ところでシェリングやシュライエルマッハーはロマン主義哲学者である。すると、ロマン主義と歴史観とのあいだには何か関連がありそうである。いや、じじつ大いにあるのだ。

ロマン主義と歴史感覚

ロマン主義はもとは文芸上の用語である。だがたんなる文学運動でなくて、ひとつの文化革命としてひろい範囲に影響した、と見るのが妥当であろう。ロマン主義は、調和や形式美を重くみた古典主義にたいして、自由奔放、ときには幻想や夢想に重きをおく。他方、啓蒙主義に対立して、理性よりも感情、客観よりも主観、普遍よりも個性を重んじる。また過去をかえりみ、歴史や伝統や民族性を尊ぶ。「自己のものとは甚だしく隔った文明に積極的な価値と興味とを見る」とか「人間の歴史全体を未開に始まり文明世界に終わる発展経路として考える」（コリングウッド『歴史の観念』小松・三浦訳）といったことも、ロマン主義の特色である。

ロマン主義はドイツでもイギリスでもフランスでも流行したけれど、ドイツには特殊な事情があった。第一に、ドイツ観念論の哲学者なかんずくヘーゲルが歴史の弁証法的発展をとなえ、カントの歴史観といちじるしい相違をしめした。ヘーゲルの歴史観は、肯定するにしろ反駁するにしろ、一九世紀の歴史学に影響をあたえた。第二に、国民主義とのむすびつきがある。西欧先進国では国家統一はとっくに解決ずみで、いまさら国民主義運動をおこす要はなかった。これに反してドイツでは、人権や市民権の確立よりも国家統一が先決問題だった。自由主義が国民主義と並行したのはそのためである。ただ、ドイツの政治生活はまずしく、市民社会は未熟であった。そのため、ノヴァーリスのようなロマン主義詩人は現実からロマンティックな世界へ逃避する。現実はつねに散文的で味気ないが、夢の世界はいくらでも美化できる。第三に、ナポレオンの圧政がドイツ民族感情をもえあがらせ、そのさいロマン主義が小さくない役割を演じた。ロマン主義詩人にとってドイツ中世はドイツ史の黄金時代だった。第四に、重要なのは歴史主義の成立である。マイネッケによると、歴史主義の成立は西欧の思惟が体験したもっとも偉大な精神革命のひとつである。歴史主義の核心は何かといえば、歴史的人間や形象の個性および発展にたいする感覚にめざめたということだ。それは、古い自然法に由来して啓蒙主義において最高潮に達した考え方、すなわち人類の平等や一体性というコスモポリタニズム、理性にたいするゆるぎない信仰、未来の完全状態へ向かっての直進的な進歩などに、まっ向から対立する。こうした歴史主義は一八世紀末からとくにドイツにおいて発展した。ある意味で西欧にたいするドイツの反抗といえなくもない。

フンボルトの歴史観の推移

およそこのようにロマン主義、国民主義、歴史主義がからみ合いながら一九世紀の歴史観が形成されてゆくが、問題は、フンボルトがどのようにかかわったかということである。彼は幼少時から啓蒙主義的教育をうけ、啓蒙主義が骨のずいまで泌みこんだ。だが、たましいの奥底で啓蒙主義への反抗の火が点じられたが、火勢を増すのに気づくには時間がかかった。そのプロセスをまとめてみると、まずゲッティンゲン在学中にはカント哲学の研究と古代研究に没頭した。卒業してからパリに遊び、フランス革命の経過をみた。帰国してからベルリン裁判所にしばらく勤めた。それから思索生活にはいった。このころから啓蒙主義にたいする疑惑がはっきりした形をとるようになる。そのいきさつはII「政治のなかの人間学」で概略を述べたから贅《ぜい》言《げん》しない。つぎの疑惑はカントにたいして向けられる。

フンボルトの最初の歴史哲学的論稿『人間諸力の発展の法則について』（一七九一）は、カントの前記した『一般歴史考』と表題は似ている。しかしカントとのちがいがあらわれる。「人間の事件のなりゆきには、事件の相互の連結にもかかわらず、なんらの統一、なんらの同形の法則も存しない」。「われわれが、同形の法則の必然性に帰着するようななんらかの理性的真理を有すると仮定しても、それによって、かような法則の本性や性状について、なんらの説明をも期待してはならない、活動的な力やその作用の考察のみが、要するに経験——われわれじしんの意識における内的経験であれ、考察、伝統、歴史における外的経験であれ——のみが、ここで教師たりうるのである。」「個々の事件はもろもろの力の進歩にしばしば思いがけない局面をひらき、あの事件は発見された法則にほとんど支配されていないだろうから、もろもろの力にたいするかような法則の適用も多くの例外をゆるすであろう。かような事件も、もろもろの力の進歩をいつでも一定の限界内でならば変えることができる。万能の運命ですら、生ける諸力を意のままにできないからである。諸力は抵抗し、結果はつねに作用と反作用から成っている。」

合理主義的歴史観への反論

同じ年に発表した『国家活動』にも、つぎのようなことばを見いだす。「あまたの対象にひろがろうとする者は、すべての対象に弱い影響しかおよぼさない。こうして力と育成とは逆の関係にたつ。賢者はいかなる力をも完全に追及するということをしない。彼にとってはいかなる力も、それをすっかり他の力のために犠牲にするにはあまりにも好ましい。こういうしだいで、人間本性の最高理想のうちにおいても、現在のあらゆる瞬間が美しい花なのである。事情は、個人のばあいでも全国民のばあいでも同じだ。彼らはたがいに異なり、したがって時代が異なれば彼らじしんさえ異なってくる」。それぞれの国民は歴史的な個性的存在であって、同一の合理的な発展をとげるものではない。国民のうちには、合理的なものとともに非合理的なものが作用している。『人間諸力の発展の法則について』においても、こう述べる。「あらゆるわれわれの知識や認識は、一般的な、不完全な、半ば真実なイデーに基づくのであって、個性的なものについては僅かしか把握できない。しかもここではすべてが個性的な力、個性的な活動、苦悩、享受にかかっている。偶然がはたらき、理性がこれをひたすら指導しようとするばあいは、まったく趣きを異にする。」

理性というものをフンボルトはどうかんがえるか。『宗教について』（一七八九）ではこう答えている。「私は理性を人間の全知的能力、イデーをとらえる全能力と解する。こうした能力が拡大強化されればされるほど、観察的精神の正確さが増せば増すほど、より高い見地から出発すればするほど、完全性と幸福の度はたかまり、心の能力の歩みは確実となり、さまざまな面が対象に発見され、イデーの連関は内的となるだろう。こうして徳はすべての心の能力の正しい均衡に基づく」。いったい一七、一八世紀の人間は悟性的であって、悟性的な自我が彼らにとって世界目的であった。自然科学者は太陽が遊星の合理的な運動をてらす目的をもつとしたが、同じような目的論が歴史観をも支配した。けれどもそのような歴史観は純粋な理性からおこったにすぎず、歴史の経験を欠いている。理性は時代や民族の区別を問わないが、その区別こそが歴史だとフンボルトはかんがえる。

ちょうど、国家憲法を理性の産物と見るのと同じように一面的である。諸民族はさまざまな角度から考察しなくてはならない。フンボルトは徐々に歴史的精神を身につけつつあったわけで、カント哲学の呪縛から脱するのは時間の問題であった。

天才とは何か

普遍的なものとともに特殊的なもの個性的なものにも、必然的なものとともに偶然的なものにも着目する、そういう見かたは、フンボルトの天才論においていっそう明らかになる。カッシーラーによると、一八世紀の古典主義文学では、天才という概念は、ラテン語の天性《インゲニウム》と通じるものと感じられ、この「天性」は「理性」と同一視された。天才は理性の最高の昇華であり、理性のすべての機能と能力の精髄である。「天才は崇高な理性である」。このような古典主義における天才概念にたいして、あたらしい解釈がおこってくる。それはもはや天才をたんなる良識の集約ないしその直線的延長と見るのではなくて、むしろ別種のきわめて複雑な機能を天才概念にもとめようとする。イギリスのシャフツベリ（一六七一～一七一三）がはじめ、ドイツではレッシング（一七二九～八一）がついだ。天才的な詩人の創造性は、知的な尺度、悟性の尺度でははかれないというのである。

天才における個性的なものは合理的に説明がつかないとする点で、フンボルトは考えを同じくする。『両性の区別とその有機的自然におよぼす影響について』（一七九四）でいう。「精神的な生産力は天才だ。天才があらわれるところでは、芸術家の想像においてであろうと、研究家の発見においてであろうと、あるいは行為的人間のエネルギーにおいてであろうと、創造的なことがわかる。天才の生産に存在を負うものは以前には存在しなかったものであり、すでに存在するものやすでに知られたものからは導きだされない。天才の真の刻印を額につけているものは、それじしん独自な有機的生命をもった独自な存在に似ている。天才は自己の本性によって法則を指定する。悟性がおもむろに概念のうえにきずく理論のように、天才は死せる文字においてではなく、単刀直入にそれじしんによって規則をあたえ、この規則とともに同時に、これを行使する刺激をあたえる。」

天才は開拓された軌道をすすまない。それゆえに天才の産物が無法則的であるか規則的であるかは決定できないし、保証すらできない。天才はただ自己じしんを法則たらしめることによって、間接的に規則性を促進しうるのみ。自発性と感受性がともに天才のなかで躍動しており、天才が唯一無双という自覚をもつものこそ、この異質的な自然の結婚なのである。したがって天才は、創造的になろうとするかぎり、最高の客観性、とりも直さず必然的なものを把握しようとする欲求にうつる能力を必要とする。あるいはむしろ、天才は彼じしんの主観的、偶然的な存在を必然的な存在に転化せざるをえない。ことわるまでもなく、フンボルトは天才を手ばなしで礼賛しているのではない。天才の独自性、いうなれば人間個性の極致としての天才に注目しているのである。

再三述べたように、フンボルトは一七九四年にイェナに移住してからシラーやゲーテと親交をむすび、若輩に似合わず古典主義の重鎮のように見られた。ローマ駐在時代も、本質的には古典主義者だった。しかしフンボルトはシラーやゲーテのように、いつまでも古典主義の牙城にとどまることができなかった。というのは、ローマ時代にあたらしい酵素がつくられつつあったからである。あたらしい酵素とは何か。それはロマン的なものだ、とおもう。ロマン主義は古典主義と反対概念のはずだ。だから、古典主義者フンボルトがロマン主義者フンボルトになったというのでは、つじつまがあわない。それでかりに「ロマン的なもの」と名づけておくのだが、じつはこのあたらしい酵素なしには、歴史感覚は発酵しない。そこには四つの根拠がある。

ロマン的なもの

第一。ケーラーにしたがえば、ロマンティックな態度すなわち「感傷性」は、若いフンボルトの根本的な態度であった。ロマンティックな態度から古典的な美と調和の理想へ至ろうと努力するにもかかわらず、ロマンティックな態度はまったくはなくならないし、克服されもしなかった。フンボルトはこの理想を、彼のロマンティックな態度を補うものとかんがえていた。彼の思考は古典的完成とか古典的美という理想で方向づけられているけれども、ロマンティックな態度も否定できない。ケーラーのこうした問題提起はたいへん微妙なので、いまはこれ以上たちいらない。彼がシラーやゲーテと同じ意味合いでの古典主義者でなかった、というにとどめておく。

第二。過去の回顧には感傷性がつきものとは相場がきまっている。ここで想起するのはエドワード＝ギボン（一七三七〜九四）である。ギボンは

ギボンとフンボルト

『ローマ帝国衰亡史』（一七七五〜八八）執筆の動機をこう回想している。「元来私は余り物に熱狂しない性質《たち》であり、自分の感じてもいない熱狂を表面装うことを常に屑《いさぎよ》しとしなかった。然るに二五年を距てた今も、私が初めて『永遠の都』に近づきこれに入った時の強い感激は、到底忘れも出来ず言葉にも尽されない。眠られぬ一夜を明した末、意気昂然と公会所《フォールム》の遺跡をさまようた。ロムルスが立ち、トゥッリウスが演説し、カエサルが倒れた一つ〱の記念すべき地点が、一斎に我が眼の前に現れた。ローマ衰亡のことを書物に著そうという考えが初めて私の念頭に浮んだのは、外ならぬこのローマに於て、時恰《あたか》も一七六四年一〇月一五日、折から裸足の修道士たちがユーピテルの神殿内で晩禱を誦んでいる声を耳にしつゝ、カピトールの遺跡の真中に坐って冥想していた時の事であった」（『ギボン自叙伝』村上至孝訳、岩波文庫）。有名な一節であるが、一八世紀人にしてはめずらしいロマンティックな感傷が執筆動機となっている。

　歴史を客観的に考察することはできない、もし感傷に溺れてしまったら。だが健全な意味での感傷は、過去を回顧するさいに必要だろう。感傷をロマンティックなファンタジーといいかえたら合点してもらえよう。ロマンティックなファンタジーによってはじめて、死灰のごとき過去は現在によみがえるのだから。シラーはいっぺんもイタリアの土をふまなかった。ゲーテの二回のイタリア

「ローマ帝国の衰退」クロード＝ロラン筆

ア滞在もそう長期にわたらない。ところがフンボルトは、「永遠の都」に長く住んだ。一七世紀フランスの画家クロード＝ロラン（一六〇〇～八二）がえがいた「ローマ帝国の衰退」、ローマの廃墟やくずれた建物を、朝な夕なに見た。そうしたとき、ローマ帝国の偉大と悲惨をふりかえって、ロマンティックなファンタジーにふけらなかったはずはない。

　フンボルトがギボンを読んだかどうかは確かでない。著作にギボンの名は見えない。しかし『ローマとギリシア』とならぶローマ時代の論稿『ギリシア自由国家の衰退と没落の歴史』（一八〇七）の表題は、まさにギボンを彷彿《ほうふつ》させる。「私がギリシア自由国家の衰退と没落の歴史を書こうと企てるのには、三つの目的がある。第一に、圧倒的な暴力にたいする、良き力の深く感動させる戦いが、不幸な、だが名誉ある仕方でおこなわれた時代に私を置くこと。第二に、堕落がギリシアの衰退の責任を一部分ながら負うのをしめすこと。第三に、古代史と近代史の全貌が概観できるような立場をえること」。フンボルトがギボンと同じ心境にいたことはありそうなことである。前記したように、哀歌『ローマ』は、長男ヴィルヘルムを失った悲しみの所産だが、ローマ帝国の没落という壮絶なドラマに感動したということも十分にかんがえられる。要するに、ローマ時代のフンボルトはもうイェナ時代のフンボルトではない。ロマンティックなものへの理解あるいは共鳴がすすんだ。ただ、フンボルトがロマン主義者とちがうことは、ファンタジーが現実からの逃避でなくて、現実に密着していたことだ。ちょうど「イデー」が架空事でなくて、現実のなかにあり、現実によってのみ認識できるとしたと同じように。

ロマン主義者との交友

第三。ドイツ‐ロマン主義者との交友があげられよう。アンジェロス（『ドイツ・ロマン主義』野中・池部訳、文庫クセジュ）は、ロマン主義にイェナ派、ハイデルベルク派、ベルリン派の三派をあげ、イェナのロマン主義ではシュレーゲル兄弟を代表とする。兄ヴィルヘルムと弟フリードリヒは、初期ロマン派の世界観や芸術論を基礎づけた人物である。弟のほうが才気煥発だったが、兄弟ともゲッティンゲン大学に学び、イェナで文学活動をおこなった。したがってフンボルトとはむかし馴染みだった。ローマ駐在時代には兄弟ともローマに長く滞在した。弟シュレーゲルは『インド人の言語と知恵について』（一八〇八）において、インド学を開拓し、言語学の発達に寄与した。言語学は共通の関心事だった。

ゲーテがロマン主義に好感をもたなかったことはよく知られている。「私は健全なものをクラシック、病的なものをロマンティックと呼びたい。そうすると、ニベルンゲンもホメロスもクラシックということになる。なぜなら、二つとも健康で力強いからだ。近代のたいていのものがロマンティックであるというのは、それが新しいからではなく、弱々しくて病的で虚弱だからだ。古代のものがクラシックであるのは、それが古いからではなく、力強く、新鮮で、明るく、健康だからだよ。このような性質をもとにして、古典的なものと浪漫的なものとを区別すれば、すぐその実相を明らかにできるだろう」（エッカーマン『ゲーテとの対話』一八二九年四月二日、山下肇訳、岩波文庫）。

さらにアンジェロスは、フンボルトほど見事にロマン主義革命を正当化した者はいない、という。いいすぎだとおもうが、一八〇四年二月にフンボルトはスウェーデン人の友人ブリンクマン（一七六四～一八四七）に手紙をローマから送った。その手紙は、シュレーゲル兄弟の著作を弁護するためではなく、場合によっては未だ優れたところがあるとはいえ、あまりに陳腐になりすぎていたものにたいするシュレーゲル兄弟の攻撃に賛同するためであった。かれはブリンクマンに、どれほど自分が文学的停滞を恐れたか、とりわけ、安逸に流れる危険のあるゲーテに対してどれだけ危惧の念を抱いたかを打ちあけている。「人びとの精神を揺さぶった」のはシュレーゲル兄弟の功績であった、と彼は書き、詩の本質に迫ろうとしたシュレーゲル兄弟の意志を称賛している。フンボルトは必ずしも過去を賛美してあたらしいものとは闘うというのではなく、それらを比較したうえで、進むべき道を敷かなければならない、と主張しているのである。シュレーゲル兄弟の原則に賛成しながら彼らの著作を批判して、「シュレーゲル兄弟が散文的、機械的、演繹的なものを攻撃して、詩的、天才的、幻想的なるものを守るかぎり、彼らの詩派をつねに擁護するであろう」といっている。

アンジェロスの言が正しいとすれば、ロマン主義者にたいするフンボルトの理解はゲーテにまさった、といってよい。一八歳のへだたりがロマン主義時代の到来に敏感としたからではなかろうか。

歴史主義への接近

第四。フンボルトは教育長官、大使、閣僚を経験した。そうした経験がドイツの国家と民族に目をひらかせた。死去するまで世界市民の立場をすてなかったゲーテと対照的である。「詩人は、人間および市民として、その祖国を愛するだろう。しかし、詩的な力と詩的な活動の祖国というものは、善であり、高貴さであり、さらに美であって、特別の州とか特別の国とかにかぎられていはしない。その点では、鷲に似ているね。鷲は国々の上空を自由に眺めながら飛びまわり、捉えようとするウサギがプロイセンを走っていようがザクセンを走っていようが、そんなことにはお構いなしだから」(『ゲーテとの対話』一八三二年三月はじめ)。フンボルトはもはやそうした世界主義に固執しないし、固執できない。

フンボルト評伝を書いたケッセルによると、フンボルトにとって思弁と経験とは対をなしていたが、両者はいっしょになって具体的現実へ向けられた。この現実のなかに「イデー」が含まれており、認識できる。たんなるファンタジーもしくは思想構成だったような一切は、彼を満足させなかった。人文主義と歴史主義は彼において固くむすびついていた。わたくしは、ケッセルのようにフンボルトを直ちに歴史主義者とよぶのはためらう。が、以上見てきたところから、彼が歩一歩、歴史主義へ近づいていたとするぶんには異存がない。二、三の例で裏づけよう。

ドイツ史回想

ヴィーン会議で東奔西走していた一八一四年に、フンボルトは二篇の歴史哲学の論説を発表した。ひとつは『一民族において学問ならびに芸術が栄える条件について』、もうひとつは『世界史の考察』である。どちらも尻きれとんぼの小論説だが、政治的意見書とか覚え書の執筆に忙殺されていた最中に、こうした歴史哲学的考察をおこなったことは、いかに歴史が関心の的になっていたかをしめすものである。前者の一節でこう述べている。

ドイツは五〇年とたたないうちに学術隆盛の三つの時期を一巡した。そのもっとも著名な士の多く、すなわちクロプシュトック（一七二四～一八〇三）、ヘルダー、ヴィーラント（一七三三～一八一三）、ゲーテはこの三期をすべて見て、一部は自己の業績によって特色づけた。レッシングとクロプシュトックとが先頭に立ったいちばん早い時期に、ドイツの特性がまさにやっと外国模倣からわかれはじめる。哲学は類いまれな洞察をしめし、煌々《こうこう》とした明るさをえようとつとめる。だが、あらゆる思惟の中心に達しようとする努力のほんとうの性格はまだもつにいたらない。カント、ゲーテ、シラーを頭目と名づけうる第二の時期に、いかにも哲学派らしい哲学派が発足した。それは至るところで精神と生活を拡大し、知的敏活をもたらした。詩文学は絶頂に達した。とりわけ内容と形式との関係において適切な手段を見いだした。古代人研究の影響が決定的となった。ギリシア人とローマ人は、いかなる民族によってもドイツ人によるほど、かくも理解されたためしはなかった。さいごの時期には、哲学はフィヒテとともに死に絶えた。詩においては外国人のものおよび古典的でない前代の模倣が優勢となった。ただ、オリエントの言語や知識はいちじるしく勢力をえた。あたかもそうした時機に、ドイツに外から圧迫がおそった。著述や思想の自由は抑圧された。一般の窮乏のために、あらゆる産業部門とともに学問まで停滞した。ドイツ文学のさいごの時期を愛した人はその没落を悼《いた》んだ。

いまや国民が自力で血路をひらいた戦いが外国の支配者を遠ざけ、自国の支配者がふたたび自己の意志で統治している。国民の精神は高揚した。多くの尊い犠牲を悼む思いが、心を自己のうちへつれもどした。こうした瞬間こそ、この論説の表題のような研究にふさわしいようにおもわれる。私の意図は、学問や芸術が栄える事情や、それらの繁栄が促進されうる手段を検討することではない。私はむしろ研究を単純化しようとする。すなわち、一方では、あらゆる学問や芸術の努力が結合する点、純粋とよばれるためにそこから各々の努力があらわれねばならぬ点を見つけだすこと。

他方では、ある民族が所与の時代において、かつ所与の言葉をもって存するような、あらゆる状態がこの民族に独特な性格を押している点、を見つけだすことである。

例によって例のごとく、この論説も断片に終わったから、フンボルトがどうやってそういう点を見つけだすのか、具体的なことは述べていない。しかしつぎのような学問論は何かを示唆する。

「真の学問はある原動力（その本質は鏡に映じるようにある根源的イデーのなかであらわれる）の予感によって透徹され鼓舞されねばならず、現象全体をかかる予感にむすびつけねばならない。この深みに達する道、この高所にいたる飛躍はあえておこなう要はない。しかし道はひらかれていなければならず、この道を邁進《まいしん》しようとする意向は存しなければならない。そしてとるに足りない財産をまちがって自負することは、真の財産をえようとする謙譲な探求に席をゆずらなければならない」。さらに述べる。「学問的要求というものは、そのあらわれは種々様々だが、これを単純な本質に還元すれば、つねに、見えるもののなかに見えないものを認識することである。それ以上はかんがえられない。とはいえ——少なくとも学問にとっては——いかなる静止もない。そしてこのことが学問の真の本質をなすゆえんは、ただこの見地からのみ学問に連絡を付し、また学問がこの見地に立ってのみ内部から発する絶えざる拡張をおこなう能力があるという事実で判明する。またこうしてのみ、学問は人間の要求に応じるのである。人間にとって学問も窮極目的ではないけれども、窮極のものや最高のものに達する段階ではある。」

世界史考察の原理

『世界史の考察』も、世界史をじっさいに考察したものでなくて、そのさいの原理を論じているのである。しかし従来フンボルトが用いたことがない「世界史」という語を用いたことは、歴史的地平線の拡大をしめす意味で注目に値する。冒頭のつぎのことばは、啓蒙主義的歴史観に訣別して歴史主義的思考へ転じようとしていたことを、はっきりとしめす。「個々のばらばらな、見たところ偶然な世界的事件をひとつの見地のもとにいれて、必然性の原理にしたがって別々にその起源を究めようとする試みは、一、二にとどまらない。カントはこれをはじめてもっとも体系的また抽象的におこなった。その後、多くの試みがこの点でカントの後塵を拝している。いわゆる哲学的歴史はすべてこの類いの試みであって、歴史を考察しようとする欲望が、ほとんど歴史を、少なくとも歴史的理解を押しのけてしまった。だがこれらの体系は、一〇中の八、九まで歴史的でなく、したがっていささかも世界史的でないという誤謬、つまり事件をむりやりにとり扱い、よりはっきりと関連した部分に合わない全部分を看過するという誤謬のほかに、なお、人類をあまりにも知的に、その個人的もしくは社会的完成にしたがって考察はするものの、大地や天地万物と人類との関係を十分に純自然史的に考察しないという誤謬をもつ。」

「個人及び社会の関心は、結局のところ、つぎの疑問にたいする解答に密接にむすびつけられている。すなわち、いかなる未来の状態が現在の状態から、またこの現在の状態が過去の状態から発展するのであろうか、と。それゆえにかくも興味津々とした研究を追究し、しかも断片的にわれわれに伝えられた世界史的事件全体の十分正しいことを承認するために、われわれは以下において、イデーの側からも経験の側からも、すべてを入念に探索し、人類の諸変化の連関を総括したい。しかしある到達すべき予定の目的などは念頭におかないように用心しながら、われわれはふりかえって人類の起源、その単独ならびに社会的な性質を瞥見しよう」。歴史の連関といい変化発展といい、個人と社会との関係といい、歴史主義的思考の指標でないものはない。

クリオ女神のように

フンボルトの多年にわたる人間論、政治論、古代研究、美学研究、教育論に加えて、政治家としての経験が凝集されたのが『歴史家の課題について』（一八二一）にほかならない。テーゲル館にこもって言語研究に専念しはじめたころ、プロイセン‐アカデミーでおこなった講演である。ギリシア最古の叙事詩人ヘシオドス（前八世紀ごろ）の『神統記』（広川洋一訳、岩波文庫）によると、ゼウスとムネモシュネとのあいだに九人の娘が生まれた。九人の娘を詩歌女神《ムウサ》というが、クリオ（クレイオ）はそのひとりだ。彼女たちは音楽とか抒情詩とか天文学とかをそれぞれ司った。クリオは歴史を司る。クリオは顔の半分をきものでかくしている。内気で控えめな性格のためだという説がある。じっさい、歴史というものは、クリオ女神のように、めったに人前で相貌をあらわさない。フンボルトはみぎの講演において、ヴェールをとってクリオの相貌を直視した。

フンボルトの書斎

歴史家の課題

わたくしは大学生のころにはじめてこの論文を読み、以来こんにちまで、なんどくりかえし読んだかしれない。そのたびに感銘をあらたにする。このような作をこそ珠玉の作というのであろう。文意はごく平明である。が、深い思想に裏うちされての平明である。たとえばこうだ。「歴史家の課題は出来事の叙述である。歴史家の叙述が純正かつ完全にゆけばゆくほど、歴史家はそれだけ完全にこの課題を解決したことになる。単純な叙述は歴史家の仕事における第一の不可欠な要求であると同時に、歴史家がなしうる最高のものである。この面から考察すると、歴史家はただ事件を把握し再現するのみで、自発的創造的ではないようにおもわれる。けれども出来事は、感覚界においてはわずかに一部分みとめられるにすぎない。爾余《じょ》の部分はなおそのうえにわれわれが感じ、推論し、忖度《そんたく》しなければならない。そのうちであらわれている部分は散乱しており、支離滅裂である。かような継ぎはぎ細工をむすびつけ、全体に形をあたえるものは依然として直接の観察のおよばぬところにおかれている。それゆえ歴史家は、ばらばらに集められたものを自己のうちで細工して一個の全体をつくらなくてはならない。歴史家が出来事を叙述して真理に達するには、直接の考察における不十分なものや四分五裂したものを補い統合する以外にないとすれば、歴史家は詩人とひとしく想像力を介してのみこれをなしうる」。このばあい、想像力をファンタジーといいかえても差しつかえはない。

歴史家の二つの道

ところで歴史家は、詩人のように素材を必然性の形式によって支配するのではなくて、この必然性を律しているイデーを心にとどめておかねばならない。なぜなら、歴史家はこれらのイデーを念頭におきつつ、現実的なものをあるがままに探究しようとするときに、イデーの手がかりを見いだすことができるからである。およそ存在するものはすべて歴史家のとり扱う対象である。したがって歴史家は精神のあらゆる方向をも跡づけねばならない。とはいえ、思弁、経験および詩作は、分離した、相互に対立した、限定する精神活動ではなくて、同一の精神活動のちがった射光面なのである。それゆえ歴史的真理に近づくためには、同時に二つの道をとって進まなければならない。出来事を正確かつ批判的に究明する道と、探究されたものを統合し、あの手段によっては到達しがたいものを予感する道である。第一の道しか追わない者は真理そのものの本質を誤るであろうし、第一の道を第二の道のために忽《ゆるがせ》にする者は真理を偽造する危険をおかすであろう。探究する力と探究されるべき対象との同化にこそ、いっさいの問題はかかっている。歴史家が天稟《てんぴん》の才と研究によって人類とその活動を理解することが深ければ深いほど、自己の人間性を思いのままにすることが純なれば純なるほど、それだけ完全に歴史家は自己の仕事の課題を果たすのである。

哲学が事物の最初の根本を、芸術が美の極致を追求するように、歴史は人間運命のすがたを真実ありのままにえようとつとめる。こういう人間運命のすがたは、ひたすら対象に向けられた心情によって感得されるものである。このような気分を生みだし培うことが歴史家の窮極目的である。歴史家は、いかなる事件でもある全体の一部として、もしくは同じことだが、いかなる事件においても歴史形式一般を叙述しなくてはならない。歴史家は必然的なものを偶然的なものから分け、内的連続を明らかにし、ほんとうに作用しつつあるもろもろの力を見えるようにし、もって自己の叙述に形態をあたえねばならない。芸術家と歴史家とは、ともに叙述的模倣的であるにせよ、やはり彼らの目標はまったくちがっている。芸術家は現実から一時的現象をすて去り、ついには現象から遠ざかる。歴史家はひたむきに現実をもとめ、そのなかに沈潜しなければならない。歴史の出来事の理解は、その状態と観察者の勘とが合一してはじめて生じる。いっさいをたんなる悟性によって論理的にみちびき出したり、概念に分析したりするわけにゆかない。歴史家は諸力一般の性質、作用、相互依存関係を熟知していなくてはならない。あたかも特殊なものを完全に洞察するためには、特殊者を包含している一般者の知識をつねに前提とするように。この意味で出来事の把握は、イデーによってみちびかれていなければならない。

歴史におけるイデー

このイデーは、おびただしい事件そのものから生じる。歴史的な勘で企てられた事件の観察をつうじて心のなかに生じてくるものであって、添えものように歴史に貸されてはならない。これはいわゆる哲学的歴史がややもすれば陥る過ちである。哲学は事件にたいして目標をさだめるからである。そうではなくて、イデーは歴史のなかへもちこまれるのではない。歴史の本質そのものなのだ。イデーは事件をみちびくけれども、イデーなしにはありえない。あらゆる人間的個性は現象のうちに根をおろしているイデーである。そして二、三の個性からこのイデーが燦然《さんぜん》と光をはなつ。イデーがそのなかでみずからをあらわすために個人という形式をとった、としかおもえないほどだ。世のなかには、人間的個性そのものでなしに、たんに間接的にこれに関係するようなものがある。言語はそういう形式のひとつである。なぜなら、国民の精神はいかなる言語にもあらわれるにかかわらず、いかなる言語も以前の、独立した基礎をもつからである。そして言語じしんの本質やその内的連関がきわめて強く決定的であるため、その自主性は他からの影響をうけるよりも他に影響をあたえる。重要な言語はいずれもイデーの産出および伝達の形式とおもわれるほどである。

この研究が確定しようとつとめたのは、二つの事柄である。すなわち、およそ生起するすべてのなかに、直接にはみとめられないイデーはただ事件そのものに即してしか認識できない、ということだ。それゆえに歴史家は、すべてを物質的素材中にもとめるあまり、イデーの支配を自己の叙述から除外するようなことがあってはならない。せめてもイデーのはたらく余地はのこしておかなければならない。さらに進んで、己が心をイデーのはたらきにたいして敏感にし、これを予感し、認識するだけ活発にしておかなくてはならない。だが歴史家は何よりもまず、勝手につくったイデーを現実になすりつけるとか、もしくはひたすら全体との連関をもとめるために、個人の生き生きとした豊かさの何かを少しでも犠牲にしないように、注意せねばならない。

見解のこの自由と繊細とが、歴史家がいかなる事件の考察にもそれらを持参するほどに、歴史家の本性に固有なものとなっていなければならない。いかなる事件も一般的連関からまったく離れているのではなく、生起するすべてのもののなかには、上述したように、直接的自覚の範囲外に存する部分があるからである。もし歴史家に見解のあの自由がないならば、事件を広くまた深く認識しないであろう。もし歴史家にやさしい繊細がないならば、事件の単純で生ける真理を傷つけるにいたるであろう。

以上は講演のサワリの部分を摘出したにすぎないけれど、中心テーマである「史的理念説」の大体はおわかりになったであろう。クリオの相貌は、かくれたイデーを明らかにすることによって露呈するというのが本講演の結論になる。前述したように、この史的理念説はランケに大きな感化をあたえた。一九世紀プロイセンの歴史家ドロイゼン(一八〇八〜八四)がフンボルトを「史学のベーコン」といったことも首肯できよう。いずれにせよ、フンボルトがロマン主義的歴史観に接近したことは明らかである。じっさい、この期のフンボルトをロマン主義者とみる向きもある。シュプランガーはロマン主義哲学者シェリング的な思惟をみとめている。フンボルトを直ちにロマン主義者とか歴史主義者と断定してしまうのはゆきすぎであろう。しかし古代研究、新人文主義、言語研究が一体となって、水の低きにつくように歴史主義へ向かって流れてゆく。フンボルトはそういう流れを洞見したのである。

VII 美しい老年

志操の高尚

ハイムは『フンボルト伝』の第四、五部を「隠遁時代《いんとん》」と題した。この表題、東洋流の隠遁を連想させやすい。隠遁は多くのばあい孤独をともなう。が、孤独はかならずしも隠遁をともなわない。フンボルトは孤独だったとはいえ、隠遁的ではなかった。それどころか、ベルリン＝アカデミーにおける講演、アカデミー報告への言語学論文の執筆と、知的活動はいささかの衰えもみせない。ちかごろ、わが国では、やれ「人生八〇年」だの、やれ「長寿社会」だのと、老年をバラ色にえがくのがはやりになっている。正直のところ、わたくしはとてもそれに同調する気になれない。老残を身にしみて感じるからである。それにつけても、つくづくフンボルトがうらやましい。人間、こういう老年がおくれるものなら、なんと至福であることか。

有名な書簡集

政界から引退したあと、フンボルトは自由主義の領袖のように見られ、弟アレクサンダーともども、ひそかに当局の監視をうけたらしいが、そんなことは意に介しない。煩わしい政界とすっかり手をきって自己の世界にもどる。建築家シンケルが改築したテーゲルの館で悠悠自適だ。老年期の心境を知るうえで『或る女友達への書簡』にしくものはあるまい。シャルロッテ＝ディーデ（一七六九〜一八四六）に宛てて二〇年書きつづけたものである。ゲッティンゲン大学の学生だった一七八八年七月のこと、近在のバート－ピュルモントへ小旅行をした。たまたま保養にきていた若い娘シャルロッテ（一九歳、フンボルト二一歳）と知り合った。二人のあいだに何があったのか。淡い恋ごころがめばえたかもしれない。二六年もたってから、外交活動のまっただ中にいたフンボルトに突然シャルロッテが手紙を送り、それが機縁で文通がはじまった。当時シャルロッテは不幸な境遇にいて、フンボルトに慰めをもとめたようである。シャルロッテが送った手紙はのこっていないけれど、フンボルトが送った一四二通の手紙はたいせつに保存され、シャルロッテの死後に出版された（一八四七）。ともあれこの有名な書簡集は、フンボルトがみずからの心境をつつみかくさず述べた点で、珍重すべき資料である。数通を紹介しよう。

老年の美徳

「あらゆる人間のなかに、つまらない人間のなかにすら、現実にあらわれている人間があまり価値がないばあいでも、いっそう深い、いっそう高貴な人間が宿り、彼が本然的に善良であるばあいはなおいっそう高貴な人間が宿っているものです。人間というものをこういうふうに吟味することに習熟しさえすればよいのです。そうすれば、気づかぬうちに、見たところ日常茶飯な生活から、たとえようもなく高い、深い人間観に達しられます」（一八二二）。

「自己の心奥において切磋《せっさ》し、自己のさまざまな気持ちを完全に調和させ、外界の影響に左右されることなく自主的であり、精神のもっとも平静明晰な瞬間においてかくあれかしと望んでいるように自己を形成することです。これを私は真の人生目的とよびます」（一八二九年一二月二四日）。また「少なくとも私は、人間にとってもっとも重要なものは、人間が到達する内的完成の程度であるという確信をすてることができません。そして人生は、嵐においてさえ、すさまじい嵐においてさえ、人間の内的完成に貢献します」（一八三一年六月三日）。観照と内面的な暮らしは、ドイツ内外の騒擾と対照をなした。一八三〇年にフランスにおこった七月革命はドイツにも波及した。保守反動のメッテルニヒ体制にたいして、自由主義運動は日ましに勢いをえていったのである。

「精神の平静、魂を不愉快に緊張させ刺激するいっさいのものからの自由、人がみずから内的な気分と熱意によって、じぶんにあたえること以外のほとんどすべてのものからの自由――こうしたことは、すべて老年にならないうちはなかなかえがたいものです。この大きな精神的な自由、欲望と情熱の皆無、重なる齢《よわい》が心のうえに張りめぐらす雲なき空から生じる最大の利益は、思索が純粋に、力強く、辛抱強く、全心を集中させるようになるということです。そしてそれはただ老年時代にしか完全には享受できないのです。老年時代にはある種の活気は衰えますが、それは外的な、しばしばまちがって重視されているものにすぎません」（一八二四年七月九日）。「私は平生もたいへん孤独にくらしています。そして孤独への傾向、私の思想と回想とをともなった排他的な生活への傾向は、私のなかで年とともに成長します。それは成長するばかりではありません。それはますます私の心情にたいして、有益な、幸いゆたかな影響をひろげています」（一八三三年一一月四日）。死去一年まえの手紙は書簡集の結びになっている。「世間の事物から、その物質的な鋭さと重さとを奪いとり、それらをむしろ思想の内的な光のなかへすえ、そしてそこでいっそう大きな、いよいよ心を落ちつかせる普遍性のなかでそれらを概観すること、これは明らかに老年の一長所です」（一八三四年五月一六日）。してみれば老年はフンボルトにとって生の倦怠でも萎縮でもなく、かえってもっとも豊穣《ほうじょう》な時だった。この余された時を、言語学研究にあてる。わけても『ジャワ島のカヴィ語の研究』（一八三六〜四〇）は、近代言語学＝言語哲学の金字塔である。それは晩年のフンボルトの人間と精神を残る隈なく照らしている。

テーゲル館の日常

フンボルト夫妻は長女カロリーネ、ローマで生まれた三男ヘルマンとこの館にくらしたのだが、日々のいとなみがどんなあんばいであったか。ベルグラールの評伝によるとこうだ。夏も冬も、朝は六時に起床。すぐ手紙を書きはじめる。七時から八時まで、家族そろって朝食をとる。公園北端の小山へ散策してから、午前中は仕事に没頭する。午後二時に昼食。それからふたたび散策し、七時まで研究。三度めの散策にはしばしばカロリーネや子供が加わる。夜のお茶。ひとりで読書。そして一一時ごろ寝につく。ハンコで押したように規則正しい。カロリーネはカロリーネで、館の改築案をねり、手紙を書き、病気でないときは夫をチュー

テーゲル館

リンゲンの領地につれていった。
　フンボルトは年少のころすでにギリシア語、ラテン語、フランス語、イタリア語を習得した。大学時代には英語、スペイン語、青年時代にはヘブライ語、アラビア語を、外交官時代には中南米のインカやマヤ語、チェコ語、ハンガリー語、ロシア語を学んだ。退官後は、多年の言語習得と、弟アレクサンダーが南米探検旅行からもち帰った膨大な言語資料に基づいて体系的な言語哲学の構築にとりかかる。ロマン派の影響もあってサンスクリットからアジアの言語、すなわちマレー語、中国語、さらに日本語まで研究をひろげる。語学の天才だったことはいうまでもない。が、テーゲル時代の一五年間、規則正しい生活と努力のおかげだ。天才は勤勉である。

言語哲学的著作の成立

　政治家＝外交官時代は心ならずも行動者だった。いま、ほんらいの自己、つまり観察者の面目をとりもどす。「私は、おそらくほかのだれよりも世界の純粋な観察者であろう。はやくから厳格な意志の鍛錬によって幸と不幸に動かされず、生まれつきの素質によって質料よりは形相に、結果よりは行為に、感覚の興味よりは観察の興味に向けられた私にとって、すべて私のなかを、私をめぐって流れるものはつねに、私の精神の大きな自由の立場から観察された。良心的な誠実さは以前から私のひとつの基調であり、直観とイデーをともにできるだけ純粋に保ちつつ相互に反映させうる才能に、私じしんも特別の価値をみとめてきた」(『自叙伝』)。観察者にとって言語の研究くらい恰好の対象はなかったろう。

おもえば言語学とのつき合いは長い。一七九九年にスペインに旅した折、バスク語に興味をひかれ、その後、言語研究はほかの領域の研究に随伴した。古代論でも、言語論にふれていた。そうした関心が、晩年において一挙にたかまった。フンボルトの言語学＝言語哲学にかんする論文は多い。アカデミー版全集では、五巻をしめる。それもカヴィ語研究のような一般性を欠く論文は省かれている。コッタ版著作集には八篇しかはいっていないけれど、それでも七五〇ページをしめる。しかし、私は言語学＝言語哲学についてはズブのしろうとで、うんぬんする資格がない。引退後早々、一八二〇年六月にアカデミーでおこなった講演の『言語発展のさまざまな時期に関連する比較言語研究』と『ジャワ島におけるカヴィ語について』の序説『人間の言語構造の相違性と人類の精神的展開に及ぼすその影響について』(一八三六)から、言語観の大要を紹介するのが精いっぱいである。

ことに『ジャワ島』は言語学＝言語哲学者フンボルトの名を不朽にした。その序説は必読の文献とされている。先年、亀山健吉氏のご高訳（『言語と精神――カヴィ語研究序説』一九八四、法政大学出版局）がでて、学界の待望にこたえられた。以下の引用も氏のご高訳を拝借する。カッシーラーは「言語をその純粋に哲学的な内容に即し、一定の哲学体系の視点から考察するということはもとより冒険であり、ヴィルヘルム＝フォン＝フンボルトの最初の基礎的な労作以後こうした試みは二度と企てられたことはない」と絶賛を惜しまない。

言語と精神

はじめてフンボルトの言語学論文集を編纂（一八八三）したH＝シュタインタール（一八二三～九九）によると、プラトンからヘルダーにいたるまで、言語の本質や発展について思索したものは数しれないが、多種多様な言語に通暁し、そうした知識に基づいて言語学＝言語哲学を構成したのはフンボルトをもって嚆矢《こうし》とする。彼はさまざまな言語の一般的抽象的なカテゴリーのなかへ押しこめたり、すべての言語のかなたにある言語理想をもとめたりすることを拒む。そうしたやりかたは、現実の生きたものの多様性を犠牲にして冷たい鋳型にはめることになるからである。いかなる言語も独自な世界観をあらわしている。一民族の知性もしくは精神的特質と言語形成とのあいだには、離しがたい関連が在する。民族の論理的発展段階が彼らの言語にはっきりと表出されている以上、哲学的カテゴリーをもとめてもむだである。

言語はたんに因襲的な、理解という目的のために発明されたいわば偶然的な外的な印、人間の一種の技術的な発明といったものではない。そうではなくて、人間の精神的本質のもっとも深い啓示である。あらゆる言語はひとつの精神的個性であり、ひとつの生きた力である。端的にいえば、「言語はエルゴンでなくてエネルゲイアである」。「エルゴン」とはつくられたもの、産物を意味し、「エネルゲイア」とはつくりだす力、はたらきを意味する。言語は国民精神や民族精神を象徴する。それればかりでない。言語はその話し手の知力の変化の影響をこうむるから、たえず発展して固定しない。発展し活動する時期もあれば、創造的本能が衰えたり停滞する時期もある。言語の研究には、カッシーラーのことばをかりれば「発生論的な考察」が必要である。つまり、言語研究においてもフンボルトはすでに歴史主義の道をあゆんでいるのである。

言語の比較研究

『比較言語研究について』(一八二〇)の一節をひいてみよう。読者はおぼえているであろうか、フンボルトが比較ということに格別の関心をもったことを。比較人間学が比較言語研究にすすむのは自然の成りゆきであろう。「比較言語研究は、言語、民族発展、人間陶冶にかんする確実重要な解明に、つぎのようなばあいにのみみちびくことができる。つまり、それをひとつの独自な、利益と目的をみずからになう研究とするときに。このようなやりかたでは、なるほど唯一の言語のとり扱いですら困難となるのは、むろんである。なぜなら、たとえ各言語の全体印象が容易に把握できるにしても、いかにして全体印象の原因を追究しようとするかに迷うからである。だが研究の一般性こそは、このみごとに織られた有機体を明瞭に意識するための手段なのである。というのは、千差万別の形態をもちながら、しかもつねに全体では等しい形式の明白さが研究を容易にするからである。」

「この意味において国民は、特定の言語によって特徴づけられた人間の精神的形式であって、理想的全体性にかんしては個性化されている。人間の胸を動かすすべてのもの、しかしとくに言語のなかに、統一や全体をもとめようとする努力のみならず、またある予感、いな確信が在する。すなわち、人類は、あらゆる分離、あらゆる相違にもかかわらず、しかもその根源的本質とそのさいごの規定においては分離すべからざる一体だ、という確信である。個性はうち砕かれる。が、まさしく分離によって統一の感情をめざめさせ、このような統一を、少なくともイデーのなかで回復する手段としてあらわす、といったふしぎな方法で。人間は、あの統一と全体とをえようとつとめつつ、自己の個性の分離的制限を超出したいとねがう。ここで人間にいまや真におどろくべき方法で言語が助けとなる。言語ははなればなれにすることによって結合し、もっとも個性的な表現へ一般的理解の可能性をいれる。とはいえ、言語は国民によってのみ生産され変化するものであって、諸国民への人類の分散は、諸言語への人類の分散にすぎない。かようにして、言語のみが個性において全体へ接近する人類の発展をひきたててやることができるのである。人間の内なるものを統一へ向ける同じ努力が、外においても全人間をむすびつけようとする。したがって、言語はあらゆる関係においてひとつの媒介的な、結合的な、人間を個別化によって退化からまもる原理である。」

こうして言語は、個人と国民との接合剤であり、自我と普遍者との接合剤でもある。「しかし言語は個人の自由の産物ではなくて、つねに全国民の所有物である。後の世代は、この全国民のなかで前代の人びとから言語をうけとる。すべての古人や身分や性格や精神の相違などの考えかたが言語のなかで混合し、改造されることによって、言語は主観から客観への、つねにせまい個性からすべてを同時に自己のなかに包摂する存在への、大きな推移点となる。」それでは、言語はいかにして形成されるか。「私の確信するところでは、言語は直接に人間のうちにおかれたもの、とみなされねばならない。意識の明晰における人間悟性の仕事としては、言語はまったく説明しがたい。言語を発明するのに何千年という歳月をみとめても、だめである。言語は、その型がもはや人間の悟性のなかに在するのでなければ、発明されはしないだろう。言語においては、個別的なものはひとつもない。その要素のそれぞれが全体の部分としてのみあらわれる。言語の漸次的完成という仮定がいかに自然であろうと、発明は一撃によってしかおこりえなかった。人間は言語によってはじめて人間である。だが人間が言語を発明するためには、すでに人間でなくてはなるまい。だからといってわれわれは、言語を何かできあがったものとかんがえてはならない。それは発展をとげるものだ。いとも粗野な自然状態から、言語はあらわれる。言語そのものが自然の、ただし人間理性の自然の産物である。言語の発明のほんとうの原因は、たがいに関係する状態の並列や従属にあるのではなくて、むしろ単純な悟性行動の究めがたい深さのなかにある。

『歴史家の課題について』でクリオの相貌を明らかにしたフンボルトは、言語研究をとおしてロゴスの本体に肉薄した。ギリシア語で「ロゴス」は、言語を意味すると同時に、ロゴスにあらわれる人間の知性や精神を意味する。

歴史的視野の広さ

言語研究の最高傑作は『ジャワ島のカヴィ語について』である。没後に弟アレクサンダーの序文を付して刊行された（三巻、一八三六～三九）。その序説が「人間の言語構造の相違性と、人類の精神的展開に及ぼすその影響について」である。実証的研究と理念とが渾然一体をなした稀有の著作である。フンボルトはまず第一節「マレー系諸民族の居住地とその文化環境」から説くが、歴史的視野の広大さはだれの目にも明らかだろう。「マレー人種に属する諸民族の居住地、社会制度、歴史、なかんずく、その言語についてみると、この人たちは、地上の他のいかなる民族も滅多に経験したことがないような特殊な関係を、文化を異にする他の人種との間に持っていることに気づく。彼らの住みついているのは、もっぱら個々の島々や群島であるが、その分布している広さと相互に離れている距離の遠さを思うとき、古い時代に彼らがいかに航海術に長けていたか、はっきりと窺い知ることができるのである。」言語を孤立させて考察するのでなくて、居住地や文化環境をも考察するあたり、こんにちの文化人類学や民俗学を先どりした観があるではないか。

第二節「この序説で取り扱う対象」でいう。「人類がいろいろな民族や種族に分れていることと、人類の持つ言語や地方語が様々異なっていることとは、相互に直接関連し合っていることは確かであるが、この二つの事柄は、実は、より高次の第三の現象と更に結びついており、その現象に依存しているというのが実相である。この第三の現象とは、常に新しい形成が続けられ、時には、その形成の度合が高まってゆくような人間の精神の力の生産活動を謂《い》うのである。人類が民族に分かれており、言語を異にしているということを正当に評価するためには、この精神の生産活動という場面でその問題を考えなくてはならないのであるが、もしも、この活動の内部にまで立ち入って探究の歩を進め、その内面的連関を把握することができさえすれば、人類が民族に分裂していて言語も雑多であるという理由は、おのずから明らかになるはずである。」

言語と民族精神

「言語の比較研究という仕事は、言語というものと、民族に備わっている精神の力とがどのように関連しているのか、という肝心の問題点を衝かない限り、本来関心を懐くべき問題領域を見失ってしまうものである。それぞれの民族の持っている特定の言語の内部連関を洞察するとともに、現実の個々の言語が言語の備えるべき一般的な要件をどの程度まで充たしているかを見抜くためには、何といっても、民族の精神的な独自性を全体として考察することが何よりも必要となってくる。私が本書においておこなおうとしていることの主眼は、正に、言語の相違性と人類の民族への分裂という二つの現象と、精神の力の生産活動との関連性を考察することに他ならない。」第六節は「精神の非凡な力の及ぼす影響——文明、文化、教養」を論じる。「本当の意味で創造的な役割を果たしている原理は、精神の力であって、そういう精神の力は、精神の内奥の深みと豊かさとから生まれ、世界のさまざまな出来事の歩みの中に介入してゆく。」

第八節は「個人と民族・国民との間の協調作用」を論じる。「個々の人間は誰でも、常に何らかの全体との関わりを持っているものである。すなわち、民族・国民とか、その民族・国民の属している人種とか、更には人類とかがそういう全体である。つまり、個人個人の生は、どういう側面から考察しようとも、必然的に社会性と結びつかざるを得ないものである。個々の人間は単独では生きてゆけずに他の助けを必要とするものであるから、そのために他人と結びつかざるを得ず、そういう他との共同の営みを成り立たせるためにも、言語による相互理解が必要となってくるのである。同じように、精神的な陶冶がなされる時にも、たとえ、他人と全く隔絶して完全に孤立した人の心の中でおこなわれるにせよ、陶冶という活動は言語なくしては不可能であるし、言語の方でも、言語を理解してくれる外部の存在に向かって発せられることを望むものである。個を超えた全体性があることを予感することも、そういう全体性に迫ろうと努力することも、いずれも人間の個人性というものを感じ取ることによって直接に得られる事柄であると言ってよい。人間の個人個人は、実は、人間としての性質の総体を悉く已れの内に蔵している」。「我々は歴史の中で、到るところに、民族の精神的個性がくっきりとした輪郭を見せているのを見出すことができる。文明が進み文化が高まってくれれば、各民族の間に見られた著しい対照を示す相違は次第に失われていくものであるが、それ以上に、心の奥深いところにまで及ぶより高潔な内面の教養が形成されていれば、高度の普遍性を持った道義の形式を得ようとする人間の努力は必ずや成功するものなのである。こういう教養の形成と軌を一にして、学問および芸術の進歩が認められるのであり、この二者は民族的な見方には束縛されない一層普遍的な理想を目指すのである。」

普遍と個性

「さて、民族・国民という具体的な場面においては、それぞれの民族をまとまったものとして一般に考察しようと、同一民族であってもそれを時代別に異なったものとして捉えようと、いずれの場合においても、前記の人間の力が発揮される度合は、民族や時代の個性に応じて異なっているし、その力の向かい得る方向は同一の普遍的なものであっても、実際に選び取られる方角は、民族ないし時代の個性に合った特定のものでしかないので、この点から見ても、この力は個性的なものとならざるを得ないのである。こういう個性に由来する相違性は、力の働いた結果であるところの言語を見れば、一目瞭然たるものがあるはずである。」このように第一節から第九節までを抜粋してわかることは、まさに『人間育成論』の言語学篇だということである。イデーと現実、普遍と個性がつねにライトモティーフになっているのである。

レクラム文庫版の『フンボルト　言語論集』（一九七三）を編んだミヒャエル＝ベーラーは、あとがきでこう述べている。「フンボルトの言語研究の方法は、経験と思弁、経済と思考、実践と理論とのあいだを往還することにある。フンボルトのことばでいうなら、もっとも低い、もっとも不可避な必要と、もっとも高い完成とのあいだを、特殊な言語とあらゆる周知の言語の普遍性とのあいだを、行ったり来たりすることである。そのばあい、彼はなかんずく〈全体性〉の条件を強調する。全体性がないならば、多様性はたんにごちゃごちゃしたことにすぎない。しかし全体性の条件は、とり扱いが体系的であるときにみたされるのである」。

第一〇節以下は、言語の形式とか諸言語の音声体系とか言語の性格といった、専門的な細目になるので、読者には興味がうすいだろう。

以上でフンボルトの言語学＝言語哲学研究の大要はおわかりねがえたとおもう。それでいよいよ人生の終末に筆をすすめることにしたい。

ハルデンベルクとカロリーネの死

テーゲル館の静寂と孤独のなかで、言語学研究はうまずたゆまずつづけられた。だが静寂をやぶる出来事がおこらぬではなかった。人間にとって死ほど厳粛な事実はない。避けようとしても避けられない死が、まずハルデンベルクに、ついで妻カロリーネとゲーテに、そしてさいごに彼じしんにやってくる。

ハルデンベルクはフンボルトの盟友であり敵でもあった。プロイセン改革ではいっしょにはたらいた。ヴィーン会議ではハルデンベルクが全権、フンボルトが次席全権となって祖国のためにつくした。が、だんだん内政問題やドイツの同盟問題にかんして意見の懸隔が生じた。フンボルトが閣外に去ったもっとも大きな原因はハルデンベルクとの確執にあったといってよかろう。フンボルトが教育長官をやめて間もない一八一〇年六月に、ハルデンベルクは首相《カンツラー》となり、死去するまでこの職にいた。一八二二年一一月二六日にジェノヴァで客死した（七二歳）。ハルデンベルクの死後、皇太子、のちのフリードリヒ＝ヴィルヘルム四世（在位一八四〇～六一）はフンボルトをもう一度政界に返り咲かせようとした。フリードリヒ＝ヴィルヘルム三世は承知しなかった。それでも一八二七年にやっと王の心が解け、テーゲル館にフンボルト夫妻を訪ねるようになった。ハルデンベルクの死はフンボルトに衝撃をあたえただろうか。おそらく答えはノーだろう。彼はもはや別世界の人だった。

晩年のカロリーネ

カロリーネの死はハルデンベルクの比ではない。彼女は心やさしく、美術を愛好した。当時のドイツでもっとも知的な女性のひとりであったろう。蒲柳《ほりゅう》の質《しつ》とはいわないまでも、丈夫なほうではなかった。しかし四男四女を生んだ（うち三人は夭折《ようせつ》）。妻の転地療養と夫の外交官活動のために、しばしば別居をしいられた。往復書簡が多いのは、そういうよんどころない事情のためもあった。一八二七年五月のイギリス旅行が、夫妻のさいごの旅となった。というのは、三女ガブリエーレがハインリヒ＝フォン＝ビューロー（一七九二〜一八四六）と結婚していたが、夫がイギリス大使（のちに外務大臣）に任命されたからだ。フンボルト夫妻は長女カロリーネ、ガブリエーレとその子たちとともにベルリンを発ち、途中パリによって旧友と再会した。パリのアカデミーで言語学のフランス語講演をおこない、ロンドンには二ヵ月滞在した。

このときの無理がたたった。帰国してからカロリーネの衰弱が目立つようになった。そして一八二九年三月二六日に帰らぬ人となった（六三歳）。次男テオドールは不肖の子で、さいごまで母親の悲しみのタネになっていたらしい。フリードリヒ＝ヴェルカーに宛てたフンボルトの手紙（一八二九年一二月二三日）は、傷心のさまをつたえる。ヴェルカーはボン大学古典学教授で、フンボルト一家と親しかった。フンボルトのローマ駐在時代に家庭教師としてフンボルト家に住みこんだほどだから、カロリーネのひととなりを熟知していたのである。もう一度くり返えそう。「結婚というものが男にいい影響をあたえることはまれです。しかし私はこういっていい。私たちの結婚は私を救ってくれました、と。彼女はどんな瞬間にも形成するものをもっています。彼女の特徴のひとつは、各人の自由にたいする畏敬の念です。」

フンボルトは庭園の奥、白亜の館のまっ正面に墓をつくる。名と生没年月日をきざんだ台座のうえに円柱がたてられ、そのうえに等身大の女神アテネの立像がすえられた。立像は「希望《スペス》」をあらわす。かねてカロリーネはこの像を愛し、デンマークの古典派彫刻家トルヴァルセン（一七六八～一八四四）に模作を依頼していたのだったが、死後にやっと竣工した。テーゲル記念館を訪れた折、わたくしも立像を仰ぎ見、いっとき感慨にふけったことである。

巨星おちる

一八三一年七月にゲーテは『ファウスト』第二部を完結し、原稿を封印した。翌三二年三月半ばに馬車でドライブした折、風邪をひき床についた。病勢がすすみ、三月二二日に世を去った。享年八二歳と七ヵ月である。発病した三月一七日にフンボルトにさいごの手紙を書いた。これより先、フンボルトは『ゲーテの第二次ローマ滞在』の書評を「学術的批判年鑑」に発表（一八三〇年九月）してゲーテに送った。そしてゲーテにこう書いた。「あなたの自然科学の研究があなたの詩作の天才と一体をなすこと、両者はあなたの本質のもっとも深いものに、つまりものごとを見てそれらの形成を明らかにするあなたのやりかたに由来するということ、をしめそうと

ゲーテ　1830年ころ

しました。このような考えの展開において、あらかじめあなたのご賛成を当てにしてもよいでしょう。ローマにかんしては、ローマにおける私じしんの長い滞在を回顧できて喜んだしだいです。あなたがこのすばらしい町での生活について申されていることは、私にはまるで魂から書かれたようでした。あの時代にたいする、また私たちのつとに別れ去った人たちにたいする、すべての哀愁にみちた思い出を心に抱き、いわば二重に確保できることは、私にたいへん快いことでした。」

フンボルトはさらに一八三二年五月一日の『芸術協会報告』において、ゲーテに最上の賛辞を呈した。この報告はゲーテの目にはいらなかったけれど、期せずしてゲーテ弔辞となった。イェナ時代このかた、フンボルトはゲーテにいかに多くを負うたか、多言する要はあるまい。シラーが一八〇五年に他界してからは、ゲーテとは古典主義の生きのこりのように世間から見られた。二人がどんなに頼り合ったことだろうか。往復書簡がしめして余すところがない。

それから三年後にフンボルトみずからの死がくる。

最期

一八二九年ごろから、毎年バート－ガーシュタインに行って療養するようになる。カロリーネが死去した年にパーキンソン氏病がはじまり、からだの不調を訴えた。麻痺がひどく、物を書くことができない。目が弱くなって読むこともままならない。もうテーゲルを離れず、夏には娘たちがたびたびやってきたが、冬はひとりぼっちだった。カロリーネが死去した六日めに彼女の墓にもうで、そこに長いことといて風邪をひきこんだ。弟アレクサンダーは一八二七年からベルリンに住んでいた。病床を見まったのは、この弟と長女カロリーネ、次女アーデルハイト、三女ガブリエーレ、三男ヘルマンだった。次男テオドールはとうとう姿を見せなかった。四月三日には皇太子が見まった。一八三五年四月八日、太陽が沈むころ、フンボルトは瞑目した。六月二二日で満六八歳になるところだった。四日あとにカロリーネのそばに埋葬された。

もし人間一生の仕事が青春時代に胚胎した思想の成就であるとするならば、フンボルトにおけるほど美しい老年はない。ヴィーン会議後、メッテルニヒ体制のもとで保守反動主義と自由主義とがしのぎをけずって争った。七月革命はドイツにも波及して流血の惨を生じた。そうした外界の騒擾をよそに、テーゲル館で心ゆくまで言語研究にひたった。六八年の生涯は波乱にみちていた。多くの師友からさまざまな影響をうけた。しかし、彼はつねに彼じしんだった。ゲーテはうたった。

庶民も奴隷も征服者も
彼らはつねにかく告白す
地上の子の最高の幸福はただ人格

フンボルト家の墓

にのみあり　と
己れ自身をだに失わずば
いかなる生も送るを得ん
わが本領を守り得なば
あらゆるものを失うもよし

（『西東詩集』小牧健夫訳、岩波文庫）

フンボルトはこの詩の真実を生涯を賭けて証明したというべきではなかろうか。

ハイムは、フンボルトは学問研究をおこなうに貴族的自由と独立心をもってした、といっている。なるほど、フンボルトは身分は貴族であった。だが身分的貴族であるまえに精神の貴族であった。性格の高尚、自由、独立心、責任感――そういうものが精神の貴族のステータス・シンボルであるなら、なにも貴族という身分にこだわることはない。古典文献学をはじめて体系化した、ベルリン大学教授ベック（一七八五～一八六七）が追悼演説においてフンボルトを「志操のペリクレス的高尚」とよんだ。ペリクレス（前四九五～四二九）はいうまでもなくアテネの黄金時代をつくった大政治家である。古典ギリシアではこの「志操の高尚」ということがもっとも尊ばれたのだ。

フンボルトは古典主義でありながら、きたるべきロマン主義に橋わたしをした。世界市民主義から国民主義への時代転換に立ち会った。西欧の自然法的思想からドイツの歴史主義的思想へ転回する下ごしらえをした。ベルリン大学において近代的大学の理念を創った。言語研究において前人未踏の領域を開拓した。逝《ゆ》きて一五〇年。このあいだにドイツの、またヨーロッパの政治、社会、文化はおどろくべく変動した。しかもそうした変動をこえて、フンボルトは屹然《きつぜん》と立っている。まぎれもなく一個の普遍的精神だったからにほかならない。

フンボルト年譜

西暦	年齢	年譜	歴史的事件および参考事項
一七六七		6・22、ポツダムに生まれる。	
六八	1		ヴィンケルマン、死去。
六九	2	9・14、弟アレクサンダー、生まれる。	ナポレオン、生まれる。
		幼少時、テーゲル館で弟とともにカンペ・クント・エンゲルから啓蒙主義的教育をうける。	
七五	8		アメリカ独立戦争（〜八三）。
七八	11		ヴォルテール、死去。
七九	12	1・6、父アレクサンダー＝ゲオルク＝フォン＝フンボルト、死去。	
八一	14		レッシング、死去。
八五	18	フンボルト兄弟、ベルリンのヘンリエッテ＝ヘルツのサロンに出入りする。	
八六	19	弟とともにフランクフルト大学に進み、法律学を学ぶ。	プロイセン国王フリードリヒ二世、死去。
八七	20		ゲーテ『エグモント』 シラー『ドン・カルロス』

一七八八	21	復活祭から翌年秋まで、弟とともにゲッティンゲン大学に学ぶ。かたわら古代研究に没頭する。 カロリーネ＝フォン＝ダッヘレーデン（一七六六・二・二三生まれ）を知り、夏にカロリーネの父に会う。 秋に、ライン・マイン地方を旅行。 ハインリヒ＝ヤコービを知る。	カント『実践理性批判』 ギボン『ローマ帝国衰亡史』
八九	22	カンペとパリに旅行し、革命直後のフランスを視察。さらに南ドイツとスイスを旅行。チューリヒでラヴァーターに会う。 シラーを知る。 12・16、カロリーネと婚約。	7・14、フランス革命おこる。
九〇	23	ベルリン裁判所に勤務。	
九一	24	春、裁判所をやめる。 6・29、カロリーネとエルフルトで結婚し、ブルクエルナーに住む。 エルフルト、ベルリン、ヴァイマール、イェナに旅行。 ゲーテやヴォルフと親交をむすぶ。 著作『人間諸力の発展の法則について』『フランス新憲法』『国家活動の限界』	ヘルダー『人類史の哲学』
九二	25		フランス、王政廃止。

一七九三	26	著作『古代、とくにギリシア古代の研究』	ルイ16世、処刑される。 第一回対仏大同盟（〜九七）。
九四	27	2月、イェナに移住。	フランス、テルミドールの反動。
九五	28	7月から翌年8月まで、テーゲル館に滞在。 著作『性の区別』『男性形式と女性形式』『比較人間学の構想』	フランス、総裁政府成立。 第三次ポーランド分割。
九六	29	ハンブルクほかの北ドイツを旅行。 11・1、イェナに戻る。 11・14、母マリー＝エリザベート、死去。 著作『一八世紀』	ナポレオン、イタリア遠征。
九七	30	ドレスデン・ヴィーンへ旅行。 11月、弟とパリに移住。 南フランス・スペインを旅行。バスク語に興味をもち、言語研究。	ナポレオン、教皇領に侵入。
九九	32	6月、弟アレクサンダー、アメリカ旅行に出発。 著作『ゲーテのヘルマンとドロテア』	11月、ブリュメールのクーデタ。 ナポレオン、第一統領となる。
一八〇〇	33	4月、パリに滞在。	シラー『ヴァレンシュタイン』
〇一	34	4〜7月、バスク地方調査。 8月、家族とドイツに帰り、テーゲル館に住む。	イギリス、アイルランド議会を併合。
〇二	35	8月、プロイセンのローマ教皇庁公使となる（〜〇八）。 11・25、ローマに着く。	ノヴァーリス『青い花』

一八〇三	36	8・15、長男ヴィルヘルム、死去。	イギリス、フランスに宣戦。
〇四	37	妻カロリーネ、ドイツおよびパリへ旅行。弟アレクサンダー、アメリカ探検旅行より帰り、ローマに滞在。	ナポレオン、皇帝となる。ベートーヴェン『エロイカ』カント、死去。
〇五	38	10・18、四女ルイーゼ、死去。	シラー『ヴィルヘルム・テル』5・9、シラー、死去。アウステルリッツの戦い。
〇六	39	著作『エレギー　ローマ』『ラティウムとヘラス』	ライン連邦（同盟）成立。神聖ローマ帝国、解体。10・14、プロイセン軍、ナポレオン軍に敗北。
〇七	40	11・12、三男グスターフ、死去。著作『ギリシア自由国家の衰退の歴史』	11月、ナポレオン、大陸封鎖令。7月、ティルジットの和約。プロイセンの改革はじまる。フィヒテ、『ドイツ国民に告ぐ』の講演。
〇八	41	10・14、次男テオドールとドイツに帰る。カロリーネは娘たちとローマにとどまる。	ゲーテ、ナポレオンと会見。ゲーテ『ファウスト』第一部
〇九	42	2・20、ベルリンに帰り、教育長官に任命される。4〜11月、ケーニヒスベルクに滞在。ベルリン大学の創立の準備。	オーストリア、再びナポレオンに敗北。ナポレオン、教皇領を併合。

		12月から翌年1月、賜暇。	
一八一〇	43	4・29、教育長官の辞職願いを提出。 6・14、閣僚に昇格し、ヴィーンに派遣される。 10・21、カロリーネ、ローマよりヴィーンに来る。	A・W・シュレーゲル、シェイクスピアの翻訳。 スタール夫人『ドイツ論』
一二	45	7~8月、賜暇、ベルリンとチューリンゲンに滞在。 著作『バスク語とバスク国民』	ナポレオンのロシア遠征、敗北。
一三	46	7~8月、プラハ会議にプロイセン全権大使として出席。 鉄十字勲章を授与される。 9・2、オーストリア大本営に詰め、多くの政治的意見書を提出。	10・16~18、ライプツィヒの諸国民戦争。フランス軍大敗。 キルケゴール、生まれる。
一四	47	2~4月、シャティヨン会議にプロイセン全権大使として出席。 4~6月、パリ大本営に詰める。 8・8、ヴィーン会議にハルデンベルクと出席。	4・6、ナポレオン一世退位。 ヴィーン会議（~一五）。 ドイツ・ロマン主義の時代。
一五	48	7~11月、パリ平和交渉に関与。 翻訳『アガメムノン』	ビスマルク、生まれる。 6・18、ワーテルローの戦いで、ナポレオン敗北し、再度退位。 ヴィーン会議議定書作成。 神聖同盟成立。 ボップ『印欧語の研究』

一八一七	50	1～2月、賜暇、チューリンゲンの領地に滞在。 3～7月、ベルリン国家評議会に関与。 9・11、駐英大使となる。 10・5、ロンドン到着。	
一八	51	10・30、ロンドンを去る。 11～12月、アーヘン会議に出席。 12月、フランクフルト-アム-マインでの領土委員会にプロイセン全権として出席。	チリ、独立。
一九	52	内務大臣に任命される。 ハルデンベルクと確執を生じる。 12・31、閣僚を免職され、政界から引退。	コッツェブー、暗殺される。 カールスバートの決議。 コロンビア、独立（この頃、南米諸国の独立、相つぐ）。
二〇	53	テーゲル館に引きこもる。言語学研究に専念。 言語学関連の著作多数。	
二一	54	著作『歴史家の課題について』	ゲーテ『ヴィルヘルム・マイスターの遍歴時代』第一部
二四	57		フランス、シャルル10世即位。
二九	62	3・26、妻カロリーネ、ベルリンで死去。 5・8、国立博物館建設委員会の委員長となる。 このころより、健康を害する。	ギリシア、独立。

一八三〇	63	9・15、国家顧問官となるも、事務には与らず。鷲十字賞を授与される。	フランス、七月革命。ベルギー、独立。
三一	64		ヘーゲル、死去。
三四	67		ドイツ関税同盟発足。
三五		4・8、テーゲル館にて死去。4・12、テーゲル館の庭園のカロリーネの墓のそばに埋葬される。	

参考文献

フンボルト文献は、きわめて多い。本書に引用したものにかぎって挙げる。

Werke in fünf Bänden ; Cottasche Ausgabe 1960-1964

Bergler, Peter ; *Wilhelm von Humboldt* 1970

Gerhardt, Bruno ; *Wilhelm von Humboldt als Staatsmann.* 2Bde. 1896-99, 1965

Hammacher, Klaus ; *Universalismus und Wissenschaft in Werk und Wirken Brüder Humboldt* 1976

Haym, Rudolf ; *Wilhelm von Humboldt* Lebensbild und Charakteristik 1856

Heinemann, F. ; *Wilhelm von Humboldts philosophische Anthropologie und Theorie der Menschenkenntnis* 1929

Joachim, H. Knoll ; *Wilhelm von Humboldt* Politik und Bildung 1969

Kaehler, Siegfried ; *Wilhelm von Humboldt und der Staat* 1927, 1963

Kessel, Eberhard ; *Wilhelm von Humboldt* Idee und Wirklichkeit 1967

Meinecke, Friedrich ; *Weltbürgertum und Nationalstaat* 1906

Meinecke, Friedrich ; *Das Zeitalter der deutschen Erhebung* 1906

Meinecke, Friedrich ; *Wilhelm von Humboldt und der deutsche Staat* 1920

Menze, Clemens ; *Wilhelm von Humboldts Lehre und Bild vom Menschen* 1965

Menze, Clemens ; *Die Bildungsreform W. v. Humboldts* 1975

Rave, Paul Ortwin ; *Wilhelm von Humboldt und das Schloss zu Tegel* 1950

Ritter, Gerhardt ; *Stein Eine Biographie* 1931, 1981

Schelsky,Hermut ; *Einsamkeit und Freiheit* Idee und Gestalt der Deutschen Universität und ihrer Reform 1963
Spranger, Eduard ; *Wilhelm von Humboldt und die Humanitätsidee* 1909
Spranger, Eduard ; *Wilhelm von Humboldt und die Reform des Bildungswesens* 1910, 1965
Vosseler, Otto ; *Humboldts Idee der Universität Historische Zeitschrift* 1954

●翻訳書

『言語と精神――カヴィ語研究序説』 亀山健吉訳 ―― 法政大学出版局 一九八四
『人間形成と言語』 小笠原道雄・K＝ルーメル・江島正子訳 ―― 以文社 一九八九

さくいん

【人　名】

【事項・書名】

フンボルト■人と思想86　定価はカバーに表示

1990年４月10日　第１刷発行©
2015年９月10日　新装版第１刷発行©

・著　者　……………………………西村《にしむら》　貞二《ていじ》
・発行者　……………………………渡部　哲治
・印刷所　…………………………広研印刷株式会社
・発行所　………………………株式会社　清水書院

〒102-0072　東京都千代田区飯田橋3-11-6
Tel・03(5213)7151～7
振替口座・00130-3-5283
http://www.shimizushoin.co.jp

検印省略
落丁本・乱丁本はおとりかえします。

CenturyBooks

Printed in Japan
ISBN978-4-389-42086-4

CenturyBooks

清水書院の〝センチュリーブックス〟発刊のことば

近年の科学技術の発達は、まことに目覚ましいものがあります。月世界への旅行も、近い将来のこととして、夢ではなくなりました。しかし、一方、人間性は疎外され、文化も、商品化されようとしていることも、否定できません。

いま、人間性の回復をはかり、先人の遺した偉大な文化を継承して、高貴な精神の城を守り、明日への創造に資することは、今世紀に生きる私たちの、重大な責務であると信じます。

私たちがここに、「センチュリーブックス」を刊行いたしますのは、人間形成期にある学生・生徒の諸君、職場にある若い世代に精神の糧を提供し、この責任の一端を果たしたいためであります。

ここに読者諸氏の豊かな人間性を讃えつつご愛読を願います。

一九六七年

SHIMIZU SHOIN

【人と思想】既刊本

老子	高橋 進
孔子	内野熊一郎他
ソクラテス	中野 幸次
釈迦	副島 正光
プラトン	中野 幸次
アリストテレス	堀田 彰
イエス	八木 誠一
親鸞	古田 武彦
ルター	小牧 治 泉谷周三郎
カルヴァン	渡辺 信夫
デカルト	伊藤 勝彦
パスカル	小松 摂郎
ロック	浜林正夫他
ルソー	中里 良二
カント	小牧 治
ベンサム	山田 英世
ヘーゲル	澤田 章
J・S・ミル	菊川 忠夫
キルケゴール	工藤 綏夫
マルクス	小牧 治
福沢諭吉	鹿野 政直
ニーチェ	工藤 綏夫

J・デューイ	山田 英世
フロイト	鈴村 金彌
内村鑑三	関根 正雄
ロマン=ロラン	村上 嘉隆 村上 益子
孫文	横山 英 中山 義弘
ガンジー	坂本 徳松
レーニン	中野 徹三 高岡健次郎
ラッセル	金子 光男
シュバイツァー	泉谷周三郎
ネルー	中村 平治
毛沢東	宇野 重昭
サルトル	村上 嘉隆
ハイデッガー	新井 恵雄
ヤスパース	宇都宮芳明
孟子	加賀 栄治
荘子	鈴木 修次
アウグスティヌス	宮谷 宣史
トーマス・マン	村田 經和
シラー	内藤 克彦
道元	山折 哲雄
ベーコン	石井 栄一
マザーテレサ	和田 町子
中江藤樹	渡部 武
ブルトマン	笠井 恵二

本居宣長	本山 幸彦
佐久間象山	奈良本辰也 左方 郁子
ホッブズ	田中 浩
田中正造	布川 清司
幸徳秋水	絲屋 寿雄
スタンダール	鈴木昭一郎
和辻哲郎	小牧 治
マキアヴェリ	西村 貞二
河上肇	山田 洸
アルチュセール	今村 仁司
杜甫	鈴木 修次
スピノザ	工藤 喜作
ユング	林 道義
フロム	安田 一郎
マイネッケ	西村 貞二
エラスムス	斎藤 美洲
パウロ	八木 誠一
ブレヒト	岩淵 達治
ダンテ	野上 素一
ダーウィン	江上 生子
ゲーテ	星野 慎一
ヴィクトル=ユゴー	辻 昶 丸岡 高弘
トインビー	吉沢 五郎
フォイエルバッハ	宇都宮芳明

平塚らいてう	小林登美枝
フッサール	加藤精司
ゾ　ラ	尾崎和郎
ボーヴォワール	村上益子
カール＝バルト	大島末男
ウィトゲンシュタイン	岡田雅勝
ショーペンハウアー	遠山義孝
マックス＝ヴェーバー	住谷一彦他
D・H・ロレンス	倉持三郎
ヒューム	泉谷周三郎
シェイクスピア	福田陸太郎 菊川倫子
ドストエフスキイ	井桁貞義
エピクロスとストア	堀田彰
アダム＝スミス	浜林正夫 鈴木亮
ポパー	川村仁也
フンボルト	西村貞二
白楽天	花房英樹
ベンヤミン	村上隆夫
ヘッセ	井手賁夫
フィヒテ	福吉勝男
大杉栄	高野澄
ボンヘッファー	村上伸
ケインズ	浅野栄一
エドガー＝A＝ポー	佐渡谷重信

ウェスレー	野呂芳男
レヴィ＝ストロース	吉田禎吾他
ブルクハルト	西村貞二
ハイゼンベルク	小出昭一郎
ヴァレリー	山田直
プランク	高田誠二
ラヴォアジエ	中川鶴太郎
T・S・エリオット	徳永暢三
シュトルム	宮内芳明
マーティン＝L＝キング	梶原寿
ペスタロッチ	長尾十三二 福田弘
玄　奘	三友量順
ヴェーユ	冨原眞弓
ホルクハイマー	小牧治
サン＝テグジュペリ	稲垣直樹
西光万吉	師岡佑行
ヴァイツゼッカー	加藤常昭
メルロ＝ポンティ	村上隆夫
オリゲネス	小高毅
トマス＝アクィナス	稲垣良典
ファラデーとマクスウェル	後藤憲一
津田梅子	古木宜志子
シュニツラー	岩淵達治

タゴール	丹羽京子
カステリョ	出村彰
ヴェルレーヌ	野内良三
コルベ	川下勝
ドゥルーズ	鈴木亨
「白バラ」	関楠生
リジュのテレーズ	菊地多嘉子
リッター	西村貞二
プルースト	石木隆治
ブロンテ姉妹	青山誠子
ツェラーン	森治
ムッソリーニ	木村裕主
モーパッサン	村松定史
大乗仏教の思想	副島正光
解放の神学	梶原寿
ミルトン	新井明
ティリッヒ	大島末男
神谷美恵子	江尻美穂子
レイチェル＝カーソン	太田哲男
オルテガ	渡辺修
アレクサンドル＝デュマ	辻昶 稲垣直樹
西　行	渡部治
ジョルジュ＝サンド	坂本千代
マリア	吉山登

ラス=カサス	染田　秀藤
吉田松陰	高橋　文博
パステルナーク	前木　祥子
パース	岡田　雅勝
南極のスコット	中田　修
アドルノ	小牧　治
良寛	山崎　昇
グーテンベルク	戸叶　勝也
ハイネ	一條　正雄
トマス=ハーディ	倉持　三郎
古代イスラエルの預言者たち	木田　献一
シオドア=ドライサー	岩元　巌
ナイチンゲール	小玉香津子
ザビエル	尾原　悟
ラーマクリシュナ	堀内みどり
フーコー	今村　仁司 栗原　仁
トニ=モリスン	吉田　廸子
悲劇と福音	佐藤　研
リルケ	星野　慎一 小磯　仁
トルストイ	八島　雅彦
ミリンダ王	森　祖道 浪花　宣明
フレーベル	小笠原道雄

ヴェーダからウパニシャッドへ	針貝　邦生
ベルイマン	小松　弘
アルベール=カミュ	井上　正
バルザック	高山　鉄男
モンテーニュ	大久保康明
ミュッセ	野内　良三
ヘルダリーン	小磯　仁
チェスタトン	山形　和美
キケロー	角田　幸彦
紫式部	沢田　正子
デリダ	上利　博規
ハーバーマス	小牧　治 村上　隆夫
三木清	永野　基綱
グロティウス	柳原　正治
シャンカラ	島　岩
ハンナ=アーレント	太田　哲男
ミダース王	西澤　龍生
ビスマルク	加納　邦光
オパーリン	江上　生子
アッシジのフランチェスコ	川下　勝
スタール夫人	佐藤　夏生
セネカ	角田　幸彦

ペテロ	川島　貞雄
ジョン・スタインベック	中山喜代市
漢の武帝	永田　英正
アンデルセン	安達　忠夫
ライプニッツ	酒井　潔
アメリゴ=ヴェスプッチ	篠原　愛人
陸奥宗光	安岡　昭男